仡佬风存

GELAO FENG CUN

广西世居民族文化丛书

GUANGXI SHIJU MINZU WENHUA CONGSHU

仡佬族卷

◎罗黎明 主编

◎李金兰 ◎郭 亮 著

广西民族出版社

《广西世居民族文化丛书》编辑委员会名单

步入五彩斑斓的民族画廊

——《广西世居民族文化丛书》总序

罗黎明

广西壮族自治区位于北部湾沿海，是我国唯一与东盟国家海陆相接的省区，是中国少数民族人口最多的自治区，是民族成分较多的自治区之一。

在广西这片奇山秀水间，世居有壮、汉、瑶、苗、侗、仫佬、毛南、回、京、彝、水、仡佬等12个主要民族，另外有25个其他少数民族成分。这里山环水绕、四季花开、稻香蔗甜、鱼肥蟹黄，这里有歌仙刘三姐缭绕不绝的动人歌谣。在年复一年炊烟相望、唇齿相依的共同生活中，广西各族人民既有着相似的生活热情和命运轨迹，也有着基于不同生存环境、不同繁衍过程、不同族群基因而各自形成的独特文化，他们和谐共存却又不丢失自己的斑斓个性，让美丽的民族文化之花绽放在八桂大地上。

民族文化，是指各民族在其历史发展过程中创造和发展起来的、具有本民族特点的包括物质和精神两方面的文化总和。每一个民族总是生活在既成的文化环境中，都会有自己独特的文化密码，并且一代代薪火相传。文化，是一个民族的生命之根。民族文化中蕴涵的优秀精神品质可以在经过动态解读之后，与现代思想相结合，在形成民族精神的过程中起到非常深刻也非常直接的作用。广西是一个以壮族为主体的多民族聚居的民族自治区，各民族的文化既各具个性空间，又在自我发展中不断交流与沟通，这种文化上的多样性，使人们对广西这片神奇的土地有了更多样的文化感知和体验。人类文明走到今天，我们对一个民族的解读显然已经不能只停留在简单的风情体验上，文化作为民族之魂，作为一个民族继承与发展的内质，应该成为现代文明视野里不可缺失的重要研究课题。

同时，在中国不断向现代化突进的今天，传统民族文化既强烈感受到时代脉搏的跳动，也不可避免地面临经济、社会快速发展和外来文化剧烈冲击所带来的巨大挑战，其中的非物质文化遗产尤其处于相对弱势。广西的民族文化生态同样如此。民族文化的整理、记录和保护，已经受到国人越来越多的关注。保护文化遗产，就是保护一个民族精神上的DNA。DNA是生命个体在生理上区别于其他个体的标志，对于一个民族来说，以物质或非物质形态存在的传统文化元素，犹如人类进化发展的基因，历经周折而脉络不断，成为民族生生不息的文化底蕴，彰显着民族的文化身份和独特个性。

随着中国西部大开发战略和北部湾经济区发展规划的深入实施，中国与东盟之间的经济交流与合作日趋活跃，而广西作为重要的国际贸易桥头堡和海陆通道，开始站上时代的潮头。本丛书之既成，有助于广西在文化和经贸上实现更多的对外交流，有助于广西更大程度地扩大对外开放，有助于让世界更深入地了解和认识一个清晰可感的真实广西。

《广西世居民族文化丛书》出版的意义即在于此。

这套以图文并茂为特点、以作家视角切入和文学化语言为阅读诱惑的大型文化丛书，将生活在广西境内的12个世居民族各自单列成册，在全面、系统、深入、鲜活的叙述中向读者展示了广西各民族文化的鲜明特色和品格魅力，让人们在惬意的阅读中步入五彩斑斓的广西民族文化长廊。这种以生动文学语境和大量精致图片来全面展示广西民族文化的大型分册图书，在广西亦属首次出版。

我们有理由相信，这套丛书的面世，对整理和保护广西民族文化、张扬广西的民族文化个性、进一步扩大广西对外开放、推进广西各民族在平等互助的基础上走可持续发展之路将有着不可忽略的特殊意义。

2009年10月

Contents

目录

引　言　在流转中

4　在流转中

第一章　民族渊源

8　仡佬仡佬，开荒辟草
12　“夜郎”：割不断的怀想
16　“竹”迹深深深几许
19　我是谁
29　话说打铁寨

第二章　甘美若饴

38　新年尽染“山地色彩”
42　一棵树，一尊神
46　尝新，如我所愿
50　牛在水面照镜子
53　世上有个吃虫节

第三章　有滋有味

60　惜米如玉
63　谁让味蕾开了花
66　舂糍粑，拍月亮

第四章　风如水流

72　在磨秋上飞
76　上善若水
83　民间猜猜看
87　摩崖上的秘密
90　情定铁板桥

第五章　始终是爱

96 情场·花路·索爱
99 民间的爱情
108 与君“破钱为誓”
112 领你走向美好
117 任谁都不能惊醒

第六章　美丽的翅膀

122 织娘渐远
126 衣衣难舍风情
131 造一座屋，睡安稳觉
144 八音之乐
148 天·地·日·月·人

参考文献

后　记

附　录　本书图片摄影者、提供者名单

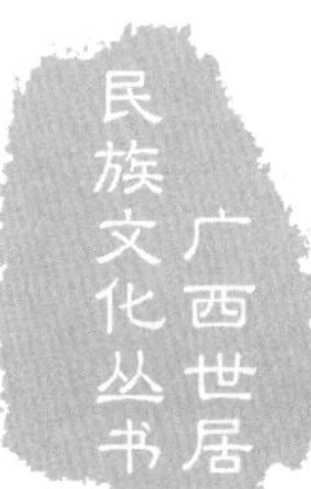

引言

在流转中

在流转中

时光在永不停息地流淌。

人与世，在时光永不停息的流淌中流转。

流转，流转，如浪淘沙。只有精神留存下来，只有思想沉淀下来，贵为财富。

作为流转中的一部分，各民族及其子民不可避免地被时光淘洗。在广西，仡佬族是人口最少的民族。广西仡佬族只有3820人（据2000年全国人口普查统计数据），但这并不影响他们以自身独特的存在融入民族大家庭中。

如果将目光投向历史深远的隧道，我们能够依稀望见岁月的痕迹。

“濮人”是仡佬族先祖最先的称谓，也称“卜人”或“百濮人”。这个最初的称谓，以殷商时期为起点，走过春秋，走过战国，而后延续到秦汉。周武王伐纣的时候，一片烽火连天中，濮人与庸、蜀、羌等部族参加了牧野盟誓。春秋时期，濮人建立了牂牁国。战国时期，牂牁国灭亡，濮人在西南地区建立了夜郎国，与且兰、毋敛、句町、僰、莫、滇、漏卧等地方国邑相邻。这些各有君长的邦国，有不少被夜郎国征服了。当时，在西南地域，夜郎国称得上是势力强大的国度了。只是，世事有时令人琢磨不

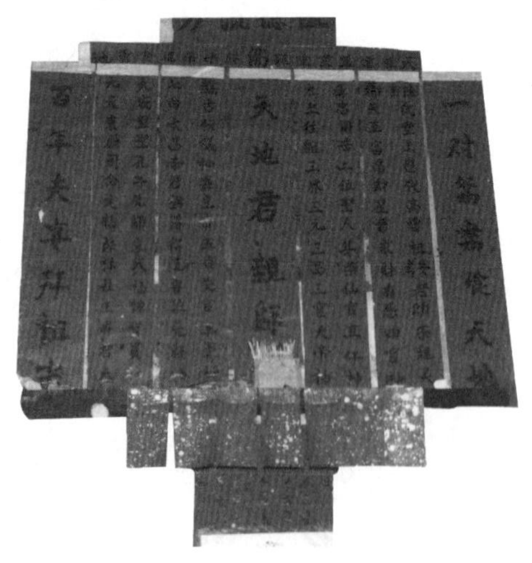

家族神位

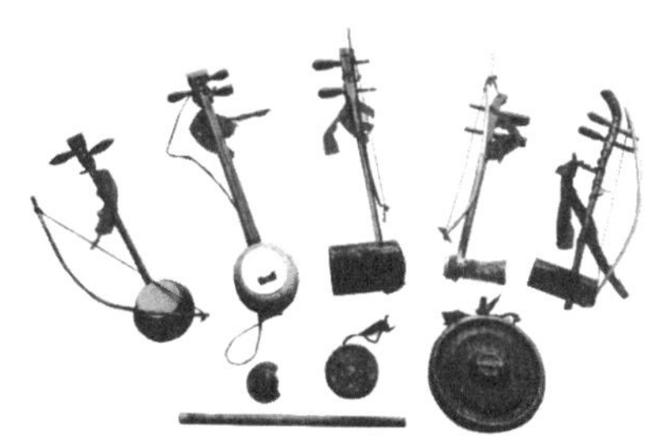

八音乐器

八音之乐——镲

透。曾经可以自大的濮人，曾经为后人留下诸多神秘莫测的“夜郎文化”遗产的夜郎国主体民族之一的仡佬族，不可预料地在流转中流散了。

流散，却并不影响族群生命的生生不息。

仡佬族的一部分，从贵州流转至今天广西隆林等地，在云贵高原的边缘地带扎根。在这个相对偏远的农耕环境中，以平等、团结、互助、和谐的道德意识修身，以朴实、内敛、忍让、谦和的主流民族性格面世，并且，骨子里善良、融合、开放的心性一直都如影随形。应该说，这种既坚守自我又兼容并蓄的精神，是仡佬族同胞在漫长的跋涉过程中所形成的民族意识和品质，它是独特的，稳固的，持久而强烈的。

衣与食，居与行，歌与舞，情与爱，生与死……所有这些能够涵盖生命各个层面的元素，不论喜怒哀乐，不论悲欢离合，都不会一成不变，只是在扬弃中传承着。

取与舍，以是否值得来界定。比如，仡佬族人的心目中，树是最值得爱的。尤其是青冈树，被奉之为神。因为爱树，所以敬树；因为敬树，所以养树；因为养树，所以护树。内心抽象的爱，最后变成日常生活里自然而然的自发保护树木的民间行为，形成了固定的护林机制。甚至，每年都欢欢喜喜、恭恭敬敬地过一个拜树节。他们认为，树不仅守护着他们祖先的灵魂，而且也给这一代仡佬人带来了富足、健康，同时，也会给后代仡佬子孙创造一个安宁、舒适、持续的生态家园。透过他们拜树的侧影，我们可以找到一个解读仡佬族人多姿多彩风俗的角度。

仡佬族姑娘

第一章 民族渊源

仡佬仡佬，开荒辟草

“仡佬”是一个少数民族的名字，读音与“歌老”相同，与“古老”相似。

如果谁要问：仡佬族是一个怎样的族群？那么，答案多半与“仡佬仡佬，开荒辟草……”的古民谣相关。似乎不用太多的语言，已经足够说明一切。这是一个古老的民族，他们勤劳、勇敢、坚韧而执著。哪怕是用石斧劈砍杂草，哪怕是用石刀割取稻穗，哪怕是驾着柴车、穿着破衣烂衫，哪怕是风餐露宿，也不改变心中的愿望。所以，借用《左传》中“筚路蓝缕，以启山林”的句子，来形容仡佬族先祖的艰辛创业最为贴切。

世人印象中，仡佬族的确是像一首老歌那样古韵绵长的民族。

日升，月落。春去，春又来。开不完的荒，辟不完的草。仡佬族先祖披荆斩棘的身影布满山谷。一开始，他们就以拓荒者的身影在大地上跋涉着，耕耘着，收获着。一路走来，这个民族就成了一个古老的值得敬重的民族。

为了纪念老祖宗开荒辟草的功劳，至今，一些地方的仡佬族还用豆豉叶（扁竹叶）插在粑粑上，以表示祖先开荒辟草时插草为标；而生活在广西隆林的仡佬族，即使日子不再捉襟见肘，但是在除夕请祖先享用的供品中，除了好酒好肉，

● 开荒辟草

连绵群山

粽粑和山薯还是一样不能少。

在贵州，仡佬族至今依然被临近的汉族、苗族、布依族、土家族人尊称为“古老族”、“古老户”，因为，他们属于开拓者。而彝族人的话语中，一直称他们为“濮”。一些地方的仡佬族人，正月初二祭祖，祭的是“濮老直”、“濮克劳”、“濮交西”、“濮水交”四位最早开荒辟地的老祖宗。

华夏大地西南、中南的辽阔地域，高山布云，深水卧龙，密林藏虎，从遥远的殷商时代，濮人这个支系纷繁的庞大族群就生息于此了。他们禀性善良，有一些抱负，有一点野心，血脉中活泼泼地流淌着开辟新天地、创造新生活的血液。他们耕种，编织，酿造，开采，铸造，建筑……生活的习惯，就在于习惯成自然地靠双手找“活路”。

公元前 221 年，秦始皇统一六国，濮人居住地区归属象郡、蜀郡、巴郡管辖。后汉武帝悉心经营濮人地区。公元前 27 年，为后人留下诸多“夜郎文化”遗产的夜郎国灭亡，邦国归附汉朝廷，割据结束。

东汉到魏晋时代，是一个转折。东汉史书将濮人称为“濮”、“僚”或者“濮僚”。魏晋时期，“濮”的称呼销声匿迹，“僚”的称呼取而代之。

大水井

制作葫芦工艺

战乱，纷争，随之而来的是大迁徙，大离散。人口众多的僚人依依不舍地离开了足够他们“夜郎自大”的城邑。各支各系间，本支本系间，如逆流的鱼群，从同一条大河向着小溪小河流散。目的地在远方，或者迷茫，或者清晰。《魏书》载：“僚者，盖南蛮别种，自汉中达于邛、笮、川洞之间，所在皆有。”北魏郦道元在其著作《水经注》中记载：“僚自牂牁北入，所在诸郡，布满山谷。”晋郭义恭《广志》载：“僚在牂牁、兴古、郁林、交趾、苍梧。”这些文字，说明由濮人发展形成的僚人曾经在今天四川、贵州、广西、云南、湖南的地域范围内繁衍生息。

隋唐以后，僚人在自身的发展过程中逐渐分化，形成一个相对单一的民族——仡佬族。

因为支系的缘故，仡佬还可以分为水、木、花、雅意、打铁、锅圈、剪毛、披袍、打牙等多个很有意思的类别。在隆林，仡佬族分为特罗、哈给、俫三大支系。彼此间，习俗有同有异。众水归一，民族渊源是唯一的。

岁月的大书一页紧跟一页地往前翻着。在一些书页中，记载着这个民族从“濮”到“僚”到“仡佬”的历史更迭。另一些书页中，有些情节走着走着就隐藏起来了，比如仡佬族过去流行“凿齿”（也称打牙、折齿、断齿），男女都穿桶裙（也称统裙、筒裙），这样的习俗消失以后，就仅仅存在于记忆中。还有一些书页，记录着依然还在人们的生活中翻腾跳跃的“浪花”，那是精神领域的宝贝，一代代仡佬族人从古守到今。比如，不论是在广西，还是贵州、云南，各地仡佬族都过尝新节。

为什么过这个节？读一读下面这首仡佬族古歌，应该可以从中找到答案——

“我们是夷蛮仡佬／我们是古老先人／我们开荒辟草／我们改土造田，种出粮食／按我们的礼教／七月半要到田边勒新谷／舂新米做供饭／做供饭祭祖先／要在田边杀鸡宰鸭／祭祀祖先／祖先才会保佑我们／来年获得丰收。”

好歌，即使老了，依旧有人唱。是因为，老歌是一条日夜奔流不息的河流。逆流而上，能够找到源头；顺流而下，可以找到明天。

“夜郎”：割不断的怀想

有一种较为普遍的说法，是说仡佬族先民为古夜郎国的主体民族之一。

如果回眸，逆流而上，将目光定格在距今2000多年的战国时期，那个纵横捭阖的时代，那么我们会发现，在华夏大地的西南地区，仡佬族先民濮人建立过夜郎国。怎么说，古夜郎国也在历史长河中奔流了400余年，可是，令人不可思议的是，这个古国似乎只给世人留下了“夜郎自大”四个字。

司马迁在《史记·西南夷列传》中录有如下文字：“西南夷君长以什数，夜郎最大。”意思是说，当时的西南小国中，夜郎国是最大的。汉武帝开发西南夷后，为了寻找打开国门通往国外的通道（也就是途经西南的南方丝绸之路，这是题外话），他在公元前122年派遣使者到达现今为云南的滇国。使者在滇国逗留期间，与滇王有一次对话。滇王问汉朝使者：“汉孰与我大？”无独有偶，汉朝使者返长安，归途经过夜郎国，夜郎王也提出了相同的问题。

绿树环绕的仡佬族村庄

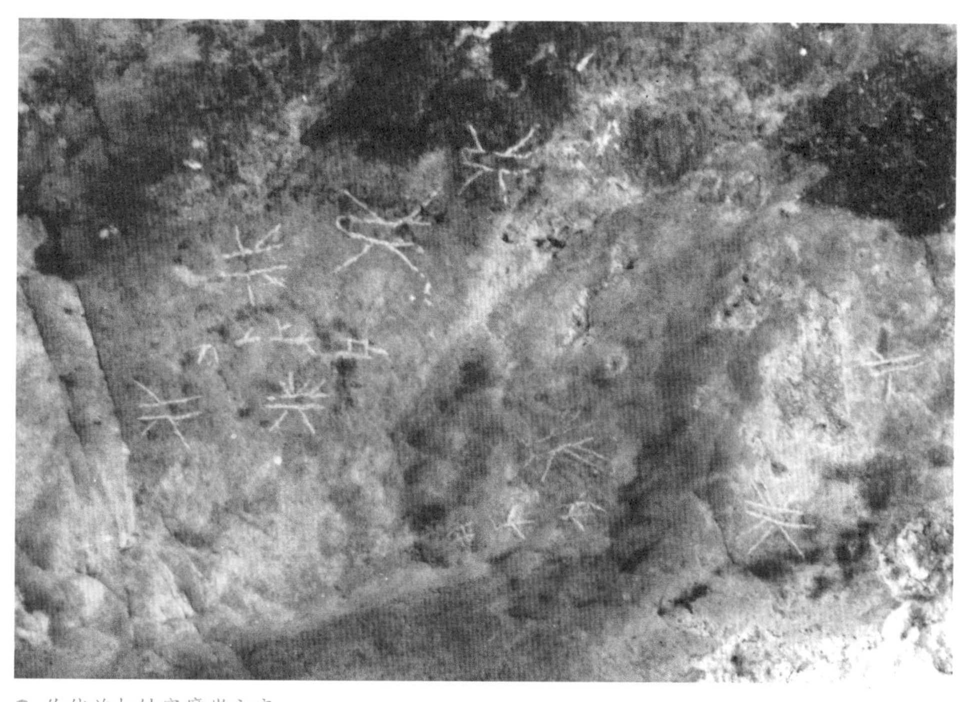

● 仡佬族打铁寨摩崖文字

说起来，不论是滇王，还是夜郎王，都没有自高自大的本意。因为西南边陲与中原隔着千山万水，山高路陡，彼此陌生，对于自己不知道答案的事物，有心向千里迢迢而来的使者问个明白，不说是不耻下问，至少也是人之常情。所以司马迁也实事求是地说："以道不通，故各以为一州主，不知汉广大。"

问题在于，同一件事情被重复两遍之后，就变成了强调。无怪这段记录，被读者解读为孤陋寡闻、妄自尊大、不知天高地厚的意思。

虽然，"夜郎自大"是这样一个令夜郎子民抬不起头的成语，但是，这四个字却在无意中极其风趣幽默地存留了一个古国的历史。哪怕，到后来，夜郎国无声无息地落下了帷幕，可人们还依然清晰地记得它曾经在历史舞台上生动地演出过。

典籍中，对夜郎国具体位置的记载很简略，只说是"临牂牁江"。牂牁江是汉代以前的江名，今人根据其向西南通抵南越国都邑番禺（今广州）的记载，考订为北盘江和南盘江。多数人认为，夜郎国的地域，主要在今贵州的西部，可能还包括云南东北部、四川南部及广西西北部的一些地区。

汉风不知不觉又吹了几千年。

岁月，尘封了古夜郎国流星一样耀眼的痕迹。

也许，通过考古专家的探索，有一天，世人能够一步步地揭开古夜郎国的谜团。

庄稼

2000 年，考古专家对贵州赫章县可乐镇战国秦汉时期 111 座墓葬进行过发掘。那是一个不寻常的时刻，蓝天静静地凝望着山川，风止住了脚步，在场的人都屏住了呼吸，仿佛是神抽刀断水，让今人跨越了几千年的时空距离，与古人对面相见。那是怎样独特的埋葬方式啊：早已经离开人间的古人，有用铜斧套头的，有套脚的，有罩面的，成组出现的装饰品，比如铜手镯、铜铃铛，几千年如一日地佩带在生前的部位，还有铜马车、摇钱树、连枝灯、田园模型……古人在太阳和月亮都照不到的地方，一睡千年，无人惊动。

专家认为，从这些出土物可以看出，夜郎民族是一个非常爱美的民族。

2004 年 10 月至 2005 年 1 月，考古专家对中水古文化遗址进行的考古发掘，被称为是叩响了古夜郎国的大门。这一次，发掘出 100 多个商周时期的祭祀坑。这是我国首次在云贵高原发现商周时期山顶祭祀遗址。也许可以这样猜测：仡佬族人年复一年到山上祭祀山神的习俗，会不会是与商周时期的山顶祭祀有着千丝万缕的联系呢？岁月漫长，许多的事情都不得而知了。

卖货

2005 年 4 月，考古工作者在对贵州省一个水电站

淹没区进行文物考古调查时，发现了贞丰小河口、镇宁田脚脚遗址。该遗址位于北盘江两岸，也是第一次在北盘江岸边发现并发掘的秦汉时期古文化遗址。一直以来，史学界、民族学界的多数学者均认为，文献所载“夜郎者，临牂牁江，江广百余步，足可行船……”的“牂牁江”即是北盘江，但苦于一直没有找到相关考古材料作支撑。这次考古发掘和随后调查发现的10余处史前至汉代遗址，一下使北盘江两岸的古代文化遗存丰富起来。有关考古专家在文章中论及，在汉代，对夜郎地区的交往和开发中，从川东经赤水河南下，经乌江进入黔中腹地的清镇、平坝和安顺一带后，再渡过北盘江到达黔西南的兴仁、兴义一带或更远，这是当时的一条重要通道。

广西西北部的隆林各族自治县，坐落在云贵高原的边缘地带。这里，连绵起伏的群山之间，南盘江穿流而过。这是一条位于广西、贵州两省边界的河流。江之南，聚居着从贵州遵义等地迁徙到广西的仡佬族同胞。隔江相望，是贵州省兴义、安龙、册亨等县市。

有关史书记载，明清之际贵州仡佬族人进行的迁徙，是历史上该民族较大的迁徙活动。据考察，隆林三冲弄麻有一古墓，墓碑刻有“贵州遵义府仁怀州金竹屯光绪四年”。应该说，这是一个隆林仡佬人从贵州来的真实记录。

八音表演

“竹”迹深深深几许

● 翠竹

梅兰竹菊，清华其外，淡泊其中，人称“四君子”。

在仡佬族语言中，“仡佬”与“竹”是同一个意思。换言之，仡佬族人是以竹为姓的，他们以拥有“竹族”美名而骄傲。“竹”成了他们的图腾崇拜。

在仡佬族民间，有一个说不腻也听不腻的竹王故事。故事的蓝本来自《华阳国志·南中志》的记述：“有竹王者，兴于遯水，有一女子浣于水滨。有三节大竹流入女子足间，推之不肯去，闻有儿声，取持归，破之，得一男儿，长养有才武，遂雄夷濮。氏以竹为姓，捐所破竹于野，成竹林，今竹王三郎神是也。”

比较普遍的说法，认为仡佬族人是古夜郎濮族的后裔，因此，这条史料，可以当做仡佬族竹图腾崇拜的记载。

小孩子听着这样的传说慢慢长大，听多了，就觉得自己的生命与竹王有千丝万缕的关系。人们也牢记着这样的传说慢慢老去，不知不觉间，会相信某天自己老得走不动了，就走进一根大竹中，停下呼吸，静静地躺下来睡梦，过几个冬春，也会长成一根竹，四季常青。

仡家人好种竹。盛一碗清水，磨一把利刀，找一根合适的大竹，斜砍一刀，吸一口水喷在断竹刀口上，再捂一块塑料布，用绳索束紧，朝天；另一头朝地，斜插进挖好的坑中，填土。这根断竹就继续生长，三两年后，又是旺盛的一丛。

"竹"迹深深

竹天生乐观。风一来，竹就笑。竹一笑，又生风，生最好的风，竹风。因此，《说文解字》用"竹得风，其体夭屈如人之笑"来解释"笑"。

竹会弄风，竹善筛月，竹知摇雪，竹懂藏声。

仡家人老老少少都好吹箫，喜吹笛。人们精心挑选合适的竹子，制箫、做笛，让唇边的竹又来弄风，筛月，摇雪，让竹送出珍藏已久的清音雅韵，也让竹替人传递绵绵深情。月下，邻家少女独自对着竹窗月影吹相思；坝上，邻村小伙子借着朦胧夜色弄箫约佳人。寻常日子或者良辰吉日，大伙儿相约着凑在一起组成"八仙音乐队"演奏。箫一吹，笛一响，男人眉开，女人眼笑，个个都知"竹"常乐。

寻常日子，也有许多的细节是与竹相伴的。

心灵手巧的仡家男子擅长竹编。他们将砍断的竹子剖成竹条，给菜园子编织篱笆墙，防止鸡、鸭、狗、牛等家畜进园糟蹋蔬菜。用竹子制作竹椅、竹箩、竹篮，

竹编

将竹条破成篾片，编成背篓。大大小小的背篓，方方的底，圆圆的口，高 0.4 ~ 0.5 米，大的能装三四十公斤东西，小的也能装一二十公斤东西。这是仡家人家家户户出门劳动必不可少的工具。仡家人腰间挂一把镰刀，拎起背篓，两手一左一右穿过棕绳往肩膀上一套，到地里或者收玉米，或者摘南瓜，或者找猪菜。赶圩时，又用它背各种土特产品去卖。仡家人离不开背篓，是因为聚居地的山路普遍狭小，背篓紧贴着背脊，比肩膀上挑担更便于在崎岖山道上行走。竹子资源丰富的寨子，人也擅长编织，他们把背篓拿到圩场卖，深受附近各族人民喜爱。

许多竹具可以拿去卖，唯有竹摇篮，是为儿女编的。在迎接新生命到来之前，即将当爷爷或者当父亲的男子会花许多心思来编织一个竹摇篮。他的篾片破得格外均匀，打磨得光滑如镜。他在篾片间穿梭的手指温柔而深情，他眼里，不仅有一个摇篮，还有一个婴儿明亮亮的眼睛，水嫩嫩的肌肤，咯咯地笑。于是，这个仡家男人编的竹摇篮在使用之前就已经装满了暖暖的爱。

仡家人的竹编技艺中还有一种特殊技术，将新砍下的尺竹烤热，用牙撕下一缕一缕的细竹纤维，称为“竹麻”。人们用竹麻搓成竹索，可以做牵牛的绳索，可以牵引船只渡河，还可以用来做竹索桥的材料，既耐水，又耐用。

据专家介绍，很久远的年代以前，中国人就有用竹子这种天然的原料编制衣服和饰物的记载，但是，随着时间的流逝，竹服饰渐渐失传。近年，媒体报道有仡佬族青年参加才艺比赛，别出心裁地穿着“竹装”闪亮登台，博得审美疲劳的评委眼睛瞬间一亮。古为今用，聪慧的仡佬族青年自然是被竹文化熏染过的，所以，才敢于尝试着把传统与现代结合起来，让朴素的古韵与天然的时尚浑然一体地融合。

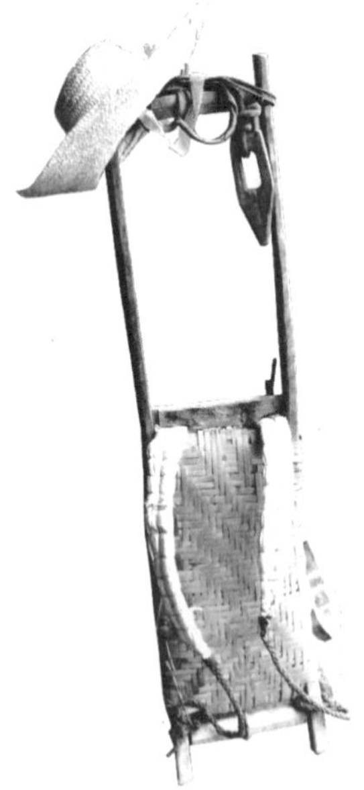

背柴草的特色器具

竹具

我 是 谁

倈仡佬族群拥有悠久的民族历史和珍稀的文化遗产。民族工作者历经40年艰苦的民族识别工作，在学术史上留下了中国民族识别的经典个案。

广西仡佬族由特罗、哈给、倈三个支系组成。

特罗仡佬有郭、戴、陆、田四个姓氏，而以郭家最多。相传，郭家在贵州因为械斗几乎被杀光，只剩下一个老婆婆和两个小孩子。老婆婆把两个小孩装进箱子挑走，逃到了今广西隆林一带。也有的传说，郭家是从贵州十支大崖脚为躲避战乱而迁徙过来的。初来的时候，仅有一户人家，住在隆凹场，后逐渐发展到50多户。若干年以后，碰上一场特大雨灾，山寨崩塌，全寨人就只剩下两姐弟得以幸存。再后来，他们逃到了大水井帮罗家打工，不久姐姐嫁进了罗家，而弟弟也讨了一个汉族老婆，就这样在大水井一带发展起来了。

隆林克长（长发）乡新华村打铁寨的倈仡佬

哈给仡佬有何、郭、够、田、李、王、朱等姓氏，其中何姓人数最多。相传因环境恶劣而从贵州仁怀县金竹寨迁徙进入广西。最先一个人逃到三冲开荒种地。来的时候，那里茅草有一米多高，树干可三人合抱，更有野猪出没其间。当时，既没有房子，又没有现成的田地。第一年开荒，撒下的包谷（玉米棒子）渐长渐高，枝干粗壮如树，收获的包谷大如大水牛角。真是好地方呢。他于是跑回去，把贵州的仡佬族请来。大家就用箩挑着娃娃来，经过新州到艾凤，再搬到鱼塘。

俫仡佬的主要姓氏有韦、王、陆、曾、胡等。韦姓人数占俫人的60%以上，相传他们来自江西、湖北、湖南，经过铁板桥，然后到广西隆林、西林、田林等地落脚。初来时仅三兄弟，一个定居在巴芒，一个定居在老山神，还有一个定居在孟俫。后来在巴芒者改随壮族；在老山神的后人搬往云南，只剩下少数人留在亨沙；在孟俫者几年后搬到长发打铁寨，最后他的子孙又迁往斗轰、丫口、亨沙一带。第一个定居在打铁寨的祖公叫“达匠”，现在的打铁寨、斗轰以及各地韦姓祭祖喊祖公名时，大都是从“达匠”喊起。

家族神位

令人不可思议的是，从新中国成立之初至1990年，在广西隆林，国家承认的仡佬族，一直就只由哈给仡佬和特罗仡佬两个支系组成。俫仡佬回归仡佬族大家庭是1990年以后的事情了。回头来看，俫仡佬长达40年的回归之路，每一个脚印都盛满了艰辛的汗水。

他们的族名叫“俫”，说

石墙围绕的打铁寨

着自己的独特语言，传承着特有的衣着、婚姻、节日、娱乐、丧葬习俗。这份不为谁改变的坚持，应该叫做“族性”。然而，因为人口稀少，也没有清晰的历史记载，竟然连民族成分都被省略了。换个简单说法，假如要填写表格，那么民族一栏里，是个无法落笔的空白。

活得像个举棋不定的人。

倘若举棋者手指间举的是人，而非棋子，那会是怎样的状态？——换了你我，作为那个没着没落的人，谁不迷茫？谁不酸楚？谁不悬心？

为什么在正式场合，人们将“倈倈”的族称用“其他”两字代替？名不正，言何以顺。一个受打击的人，把尊严看得尤其珍贵。

我是谁？谁知道我是谁？沉默的人不再沉默。于是，世人听见沉默的人发出他们的声音：“在旧社会里，最受欺侮的‘倈倈’，反动派嘴里还不停地骂‘倈子’、杀‘倈子’。就是比邻而居的其他民族，也还有对倈人的称呼，难道‘倈倈’人少就该倒霉吗？”

“油油蜢蚱平地飞，倈人少了受人亏”、“油油蜢蚱平地落，倈人少了受人磨。”倈胞传唱的山歌被无奈的情感充满。

石头水缸

民国《田西县志》有“倈周、倈的等村”的“倈倈”被壮族同化了的记载。那是一些被失落笼罩的倈人，不甘心于“民族流浪儿”的身份，又想不出两全其美的办法，只好选择改宗换族，加入了邻族的民族成分。

“倈倈”是一个真实的存在。

既然是一个存在，那么，假如要填写表格，在民族一栏里，“倈倈”就不应该是个无法落笔的空白……

从“不知道是哪个民族”的迷茫状态，转变到“仡佬族的倈倈支系”的明确状态，经历了一段漫长的时间。这期间，有人放弃，有人坚持，有人来到人间许多年也没有弄明白“我是谁”，甚至有人直到离别人世仍然没弄明白“我是谁”。好在最终，那些执著的有心人，在历经田野调查、专题研究、社会协商和行政确认四个环节后，给出了答案。

真的应该感谢那些在沉默中等待，在等待中坚持的倈人。他们始终不渝的信念，使得倈胞族性在走过低谷之后，转向张扬。

有这样一个故事：1951年初，一支进入隆林的解放军队伍驻扎在打铁寨。当时，仡佬族人韦朝明的父母在家里面，担心正在煮菜的解放军用光自己家里的盐，又不好意思明说，两个老人私底下悄悄用俫话议论，不料竟被一个战士听出来了。听懂俫话的战士忙向老人解释，说部队有盐，不用老乡家的盐。解放军走后还留下一包盐给他家。可惜，老人没能问清那位战士的家乡，之后再也无法知道哪里还有讲俫话的人。老人却念念不忘，总像惦记远方亲人似的记挂着。直至临终，还郑重提起此事，希望儿孙能找到生活在别处的俫人。

同样是1951年，不能不提的一个人物，也就是最早进入俫乡调查的人物——费孝通。那年8月下旬，费孝通率领的中央民族访问团成员，迎着土匪的枪林弹雨进入西林、隆林境内调查访问。他在后来的著作中曾提及当年首次进入俫乡进行识别工作的情景："那时西林、隆林还是土匪出入的地方，我们身边带着枪才安全。没有公路，骑马要走七天。才走了两天，我的马就死了。……"

可惜，中央访问团之后，俫人识别的专项调查断断续续。

只是光阴似箭，有心牵挂的事情从一开始就成了梦寐以求的愿望。

转眼到了1981年的春天，一份《俫族的意见要求及基本情况》以报告的形式递交给中央和广西壮族自治区有关部门，请求调查识别，实事求是地与俫人商量解决民族的归属问题。

这一年夏天，广西壮族自治区民委组织俫人识别调查队下到俫乡调查，俫俫同胞自然非常高兴。韦绍庭得知这则消息，立即摘录报纸上的报道，并附诗一首：

解放三十又有二，俫俫初次上党报。

党的民政放光芒，俫俫重生有希望。

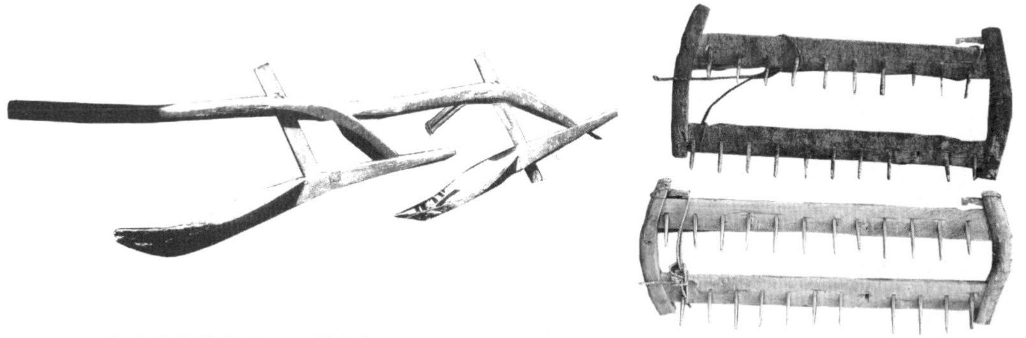

仡佬族劳作农具——犁和耙

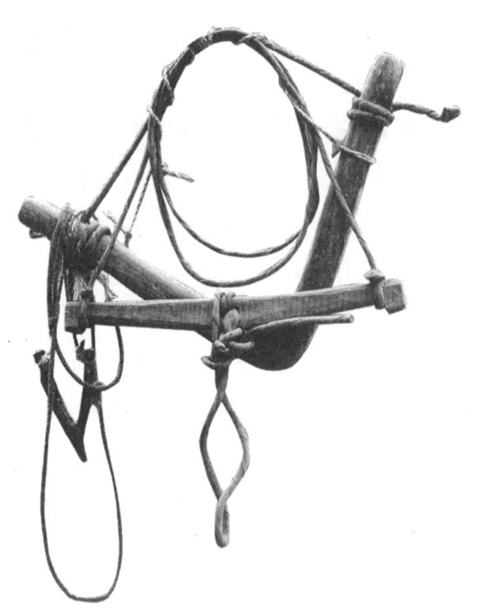

用耕牛劳作的用具——牛轭

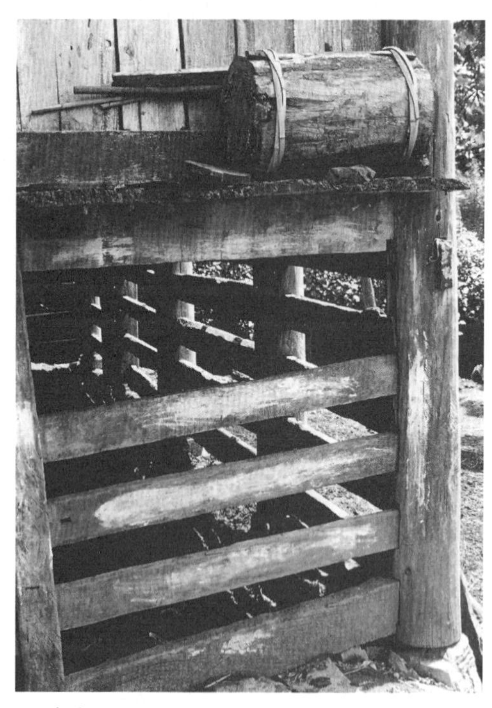

养蜂箱

事实上，整个20世纪80年代成了倈人调查田野工作的持续高潮时期。

调查，就是无数次深入，深入，再深入，就是无数次风雨兼程，无数次坦然面对艰辛，无数次无畏无惧。

1984年1月26日，60岁的张一民教授带着几个学生考察涉倈族群时，在笔记里有着这样的记录：

岑王老山海拔1800多米，是广西的第二个高山，素以险峻闻名。山路就盘山而上，一层比一层高，最后消失在茫茫的云雾之中，好像要通到天上去一样……车子随时都有坠入万丈深谷的危险。车头忽然“啪”地发出了强烈的响声。与此同时，车子突然向后倒退……大家惊魂稍定，才听到司机解释：“风叶的断片把水缸打破了！”接着宣布：“无法再修！”这条山路平时车子就少，近来雨多路滑，车子更不多见，想得到过往车辆的援助是很困难的。在大家的请求下，司机只好步行四五公里到老山林场去打电话向县城汽车站求援。我们则无可奈何地在冰天雪地的荒山野岭上苦等。过了两个多钟头，司机给我们带来了这样的消息：“电话打不通！冰雪把电话线压断了。”于是，我们一直在冰雪中等了四个多小时，才拦住一辆过路车，解除了冰山之困。

所有跋山涉水的艰辛调查，都是一点一滴地为倈人识别积累来自民间、来自田野的原始材料。

所有条分缕析的专门研究，都是一步比一步更深入地把资料变成依据，证明俫人属于仡佬族并非是平白无故的。

科学与伪科学，有时候就是一步之遥。最终，能够捕捉事实的真相，让那个无法落笔的空白不再空白，那么，事情就令人满意了。

那么，俫人属于仡佬族，依据是什么？

这是一个多学科交织的疑团。

学术界是从不同的角度去解释它的。综观所见数十篇（册）论文、报告乃至专著，分别可归入民族学、民族史、民族语言、民族理论乃至民间文学、民俗学以及体质人类学等不同学科。同一学科也有不同的项目，同一个项目还有不同的环节。学术界的俫人研究，一环一环地攻克，一项一项地完成。

好消息总是振奋人心的。1990年，广西民族学院青年教师龚永辉的著作《族际识俫》出版。回答俫人悬疑“我是谁”变得指日可待。这本书由两编

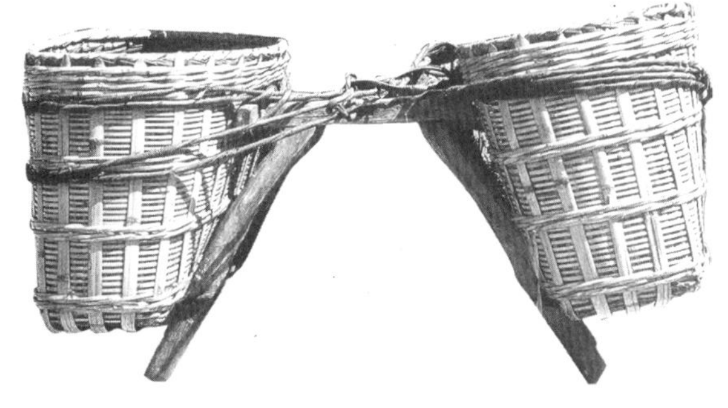

箩筐

酿酒

家庭日常用具

● 笑靥

14 章构成：上编为调查，分《地理分布及毗邻民族》、《自我意识与社会认知》、《语言实际及其传统》、《家庭婚姻和亲戚民族关系》、《饮食服饰和居住状况》、《丧葬祭祀和信仰观念》；下编为研究，分《涉俫文献概览和梳耙体会》、《"俫谱"校析与"祖碑"辨伪》、《新论比较与旧作反思》、《俫俫和仡佬的历史渊源》、《俫语和仡佬语的亲属关系》、《俫、仡文化与"俫俫存在"的仡佬民族属性》、《俫俫意识的曲扭迷茫性及其基本原因》。22 万字的《族际识俫》，从族际关系入手，围绕民族意识与民族存在的矛盾主轴形成了一个新的阐释体系。在这个更为切实的体系中，"俫属仡佬"的观点得到了更全面、更深入、更系统的论证。

为了确认俫人的民族成分，1990 年 5 月中旬，广西壮族自治区民委在南宁正式召开了俫人族属问题讨论会。热烈的讨论后，绝大多数同志认为俫人是仡佬族的一支，应确认为仡佬族。

确认俫人为仡佬族的理由是：

第一，从族源来看。据考证，俫人先民来自贵州僚人，与仡佬族先民同源。据民族民间传说和文献记载，现在贵州仡佬族聚居地曾经是俫人先民的聚居地，隆林俫人居住地与贵州仡佬族居住地，有些地名都用相同的民族语言命名，这些说明，俫人、仡佬族同属一个先民。后来，他们先后迁徙来到广西，至今仍杂居在一起，自然形成了一个共同的聚居区。这说明俫人与仡佬族不仅同源，而且基本上同流。

第二，从语言来看。俫语和仡佬语属于何种语系语族，目前尚未作出定论。但大多数专家、学者认为俫语和仡佬语同属一个语支（语群）。而有的专家、学者虽然认为俫语是南亚语系孟高棉语族中独立的语支，但也不否认它与仡佬语有着亲缘关系。有的则认为俫语属壮侗语族，同时也认为俫语与仡佬语有密切关系。在我国，90% 以上的仡佬族已不会讲仡佬语，而俫人在语言上却较完整地保留有原来仡佬语的传统。

第三，从文化和风俗习惯来看。俫人传统文化与仡佬文化有着密切联系。在我国的仡佬族，民族文化大多数发生了转型，但俫人传统文化都保留较多的古仡佬文化的特点。例如尝新、祭祖、拜树、打牙等风俗习惯和传统活动方式都保留着较多的古仡佬文化传统特征。这些文化特征，有的在隆林仡佬族中已经消失，而在贵州不少地方的仡佬族中还保留着。因此，专家、学者认为，俫人是仡佬族中保留传统文化特征较多的一个分支。

仡佬族老人

祖孙乐

第四，从现实生活来看。俫人与仡佬族同处一地，生产、生活、习俗接近，通婚，过去虽然没有意识到原来是同一的共同体，但彼此间以兄弟相待，感情融洽。在座谈会上，专家、学者阐述了俫人与仡佬族的许多共同点，增强了俫人与仡佬族的同族意识。

1990 年 10 月 10 日，广西壮族自治区人民政府批复同意确定俫人为仡佬族。10 月 25 日，自治区人大常委会在七届第 19 号《公报》中郑重宣告：

近年来经过反复调查研究，广泛听取各方面专家、学者的意见，比较一致地认为俫人应属仡佬族，是仡佬族的一支。今年 5 月，自治区民委召开了专家代表座谈会，一致确认，俫人的民族成分属仡佬族，从而最后解决 40 年来一直悬而未决的俫人民族成分问题。

终于，俫人如果要填写表格，那么民族一栏里，曾经无法落笔的空白，如今会写下“仡佬”两个字。落笔的人，感觉像在花园里种了一株自己钟爱的花。

话说打铁寨

因为人口在增加，一块地上只要几代的繁殖，人口就到了饱和点；过剩的人口只得宣泄出外，负起锄头去另辟新地，可是老根是不常动的。这些宣泄出外的人，像是从老树上被风吹出去的种子，找到土地的生存了，又形成一个小小的家庭殖民地，找不到土地的也就在各式各样的运命下被淘汰了，或是“发迹”了。

——费孝通

宁静的打铁寨

家族神位

仡佬族古歌《叙根由》中，有“挖矿炼铁”一章，而从仡佬族先民古墓中出土的别致的铜发钗、铜釜、铜扣饰、铜鼓，也从一个侧面印证着，铸造铜器和铁器，曾是仡佬族人的一种谋生手段，而且已有很悠久的历史。在仡佬族人聚集居住的地方，还有许多地名留下了“打铁”的烙印，如在广西隆林长发乡，就有打铁寨。

新中国成立前，打铁寨曾是一个人丁兴旺的寨子，居住着韦、王、陆和曾等姓氏的50多户人家。这里，是广西俫仡佬人的“发源地”。

据说，打铁寨的韦姓在明末清初因兵荒马乱，沿路经过贵州省关岭县花江的铁板桥，逃荒来到广西隆林定居，至今已有300多年历史了。初来时仅有三兄弟，一个定居在巴芒，一个定居在老山神，还有一个定居在孟俫。定居在巴芒的，后来改随壮族；定居老山神的，后来搬往云南，只剩下少数人留在亨沙；定居在孟俫的，搬到长发乡打铁寨，最后其子孙又迁往斗轰、罗湾、卡保、丫口和亨沙等地。

第一个定居在打铁寨的祖公，叫“达匠”。从一世祖公达匠算起，到现在已有十几代了。现在的打铁寨等地的韦姓，祭祖喊祖公名时，大都是从“达匠”喊起，其顺序依次是：达匠、达计、达用、达阳充、达杜、达道、达利、朵汁、朵凡、达力、达十妹、达妹、达云（俫仡佬语中，“达”是祖父，“朵”是姥爷）。传说打铁寨的名称也是因他们的到来而得名的。

相传，从前在打铁寨这一带居住的各民族同胞是不懂得打制铁器的。后来，从贵州逃难至此的仡佬族匠人，一边开荒种玉米，一边打制铁器。其他民族的人见有人会打铁，就纷纷来请他们帮打锄头、镰刀、斧子等等。慢慢地，这里的人懂得打造铁器的名声就传开了，久而久之，人们干脆把这个寨子称为“打铁寨”。

时光倒流几百年，就在此地，呈现的是一些祖祖辈辈打铁的仡佬族匠人抡起重锤打铁的场景。“叮叮——当当——叮叮——当当——”打铁声从仡佬族匠人的打铁铺里传来，单调而熟悉。徒弟呼啦啦地把风箱拉起来了，熊熊炉火前，光背的铁匠师傅肌肤黝黑，脸庞坚毅，目光冷峻如铁。僚布做的长围裙扎在腰间，防火星溅身。尽管如此，铁花还是将围裙烧出了疤痕。他用眼睛判断着掌握着火候。现在，他看到铁坯烧到冒钢花了，立即用铁钳从火炉里取出铁坯，向后一摔，伴随着四溅火花，铁坯稳稳地掷落在铁砧上。趁热打铁。他递给徒弟一个眼色，徒弟便往手掌心啐了一口唾沫，抡起几十斤重的大锤，有多大劲下多大劲地与师傅的小锤配合，小铁锤叮叮，大铁锤当当，一起一落，一落一起，起起落落间，铁坯初步成形。接着是第二次煅烧，看看火候已到，师傅拉出半成品，随心所欲地用小锤将铁坯打成形。最后一道工序是淬火，成品被投入水桶中，哧哧一声，气泡如花绽放。仡家匠人惊喜于又一件工具在他手中有模有样地生成，嘴角也不经意地笑了一下。

漫长的农业时代，不管是生产还是生活，都与铁匠行当分不开，土里刨食离不开锄头、镰刀、铁锹、犁头、镢头等工具，家庭生活用的斧头、菜刀、锅铲、刨刀、剪刀等用具也多半出自铁匠之手。这是靠大力气与过硬的技艺吃饭的谋生手段。随着社会的发展，打铁——这种曾经在民间风行的手工艺已经日渐没落。仡佬族匠人抡起重锤打铁的场景，终将成为铁花四射的记忆。

岁月里的守望

而今的打铁寨仅有9户人家，曾经的兴旺去哪里寻觅呢？

走进打铁寨，映入眼帘的是一堵围绕着大半寨子的残缺石墙，高约2米，那布满墙体的青苔、爬山虎等植物，似乎在暗示着什么。据说石墙是在新中国成立初期为了抵御土匪入侵而砌的。在当地人的指引下，我们仍然可以看到石墙上一

个个残破的炮眼。后来，匪患消除了，这堵石墙也就成了一个历史的印记。

在围墙的正前方有一小口井，井水清澈见底。村民们已经用石头把井口围了起来，井口约有 1 米长，30 厘米宽。村民们都说，别看这口井小，可全村人基本都是靠着这口井水的抚养而长大的，因为它是方圆几十里之内唯一的一年四季都不会断水的井，每到旱季的时候其他地方缺水的村民还经常会大老远地跑来这里挑水。

围墙之内，几条布满牲口粪便的小道把如今仅存于寨子之内的九户人家串联起来。这九户人家，一户砖瓦房，一户石瓦房，七户木瓦房。木瓦房尤其简陋，仅靠几根木桩固定作为柱子，在柱子和柱子之间用薄竹片编制围成墙，然后在“墙”上糊上牛羊的粪便。

石墙

围墙之外，除了低洼处有少量黄土的水田，四周的环山从山脚到山腰很高的地方都是光秃秃的石头，山体上只有薄薄的一层黑土质，村民们只能在山坡上有土的石头缝里播种玉米。

这里，并不优越的生存条件，注定着打铁寨村民或迟或早地走上迁移之路。

现在，分布在广西各地的俫仡佬人，基本上是从打铁寨陆续迁移出去的，他们有的搬到城镇实现由一个农民到生意人的转化，有的外出学了本领然后打工挣钱，有的则进入机关单位或各行各业工作。

打铁寨人的生存状态渐渐地呈现两种态势。

一种是顺从自然，知足常乐，乐于在打铁寨过着与世无争的生活。生活的安逸，渗透在与玉米一起抽穗一起饱满的安然里，渗透在他们爱不释手的水筒烟里，渗透在他们的暗红色腊肉中，也渗透在口感柔爽的陈年米酒里。

另一种顺从潮流，敢想敢闯敢拼，相信靠双手能够改变命运。那些离开了打铁寨的人，渐渐地在外面的世界寻到了不一样的生存发展空间。

从打铁寨出来的人们，被人们崇敬地称为“铁人”。打铁精神支撑着他们在打铁寨以外的地方扎根、发展。从这个层面上说，打铁寨不仅仅是一个四面环山的穷山寨，如今打铁寨的人去到哪里，哪里就是打铁寨，打铁寨一点都不像人们所想象的那样冷落。打铁寨的铁裔们，让世人感受到了另一种繁荣兴盛。

在改革开放的背景下，仡佬族同胞秉承了他们先辈精明的生意头脑和敏锐的商业意识，纷纷加入经商行业。

老一代的打铁寨人，在艰苦的环境中不断寻求商机。新中国成立初期，打铁寨的韦天宝一直做着从西林乐里用骡子驮运盐巴到隆林贩卖的生意。当时，公路只是从百色通到田林，还没有通到隆林和西林。做贩盐生意，除了路途充满艰难险阻，还有遭遇土匪打劫的危险。那时，相识的人若久不见，旁人就会问:“某某是不是驮盐巴去了？”言下之意是，某某是不是死了。虽然贩盐生意危险，但韦天宝并未因此放弃做贩盐生意，食盐紧缺时期，他还冒险从四川自贡贩运盐巴。后来，韦天宝的几个儿子相继继承了他的家业。大儿子十多岁时便开始做糖烟生意，他妻子也自己酿酒、做糍

木结构羊圈

炮眼

 寨子一隅

烤烟房

粑等到圩上卖。另外三个儿子也都分别做过贩卖牛马的生意和屠宰生意。而今，韦家做生意的传统也还一直在延续，他们的后代做过马帮生意搞运输，还有的做“马汗替”（一种马具）赶德峨街和长发街卖。

中年一代的打铁寨人商品经济意识不断增强。他们在经商的同时，也没丢掉庄稼人的本色。逢圩日，就做小买卖；平时，还到地里干活，是典型的“不离土不离家”的经营方式。在长发街上，住着韦姓三兄弟。老大是一个家用电器铺的老板，也是小有名气的地方医生，此外，他还是一个农民。住在街上，但打铁寨的土地却舍不得丢荒。在享受做生意带来的种种实惠的同时，还享受着春耕秋收的种种快乐。二弟卖粉、卖影碟、卖“马汗替”、卖家酿的玉米酒，又拿酒糟养猪，经营有方，日子也过得滋润。老三跟随二哥从打铁寨搬到长发乡，先是跟大哥开粉店，后来自己开杂货铺，也在长发乡建起房子，平时干农活，耕种水田和旱地，圩日则卖粉，同样是一边做生意一边耕田的精明人。

年轻一代打铁寨人经商意识完全市场经济化。他们外迁到乡里的街上经营各种米粉店、杂货店、音像制品店等。如今，在长发圩市上经营生意的人当中很多都是来自打铁寨的倈佐佬。他们有的经营饮食，有的经营百货、农资，有的经营修理加工，有的经营娱乐业，还有的从事客运或建筑。打铁寨的这些致富典型，用智慧和勇气更好地为自己把握着今天和明天。

此外，新中国成立以来，打铁寨这片土壤也为新中国孕育出了一批优秀的民族干部。他们在倈佐佬的内部起着模范与动员的作用，进行理念的传播和力量的汇聚；对外，他们通过关系网和影响力与政府、外界社会互动，起着沟通和协商的桥梁作用。

劳作归来

广西世居
民族文化丛书

第二章

甘美若饴

新年尽染“山地色彩”

仡佬族，属于山地民族。浪花卷起千堆雪的海洋在远方，风吹草低见牛羊的草原也在远方，只有横看成岭侧成峰的群山在眼前。

山地民族的新年，和其他民族相比，喜庆的氛围、感谢的心情、祈福的愿望是相似的。过去的一年，就像握在手掌心的礼物，看得见，摸得着，所以，要感谢天

● 山乡秀色

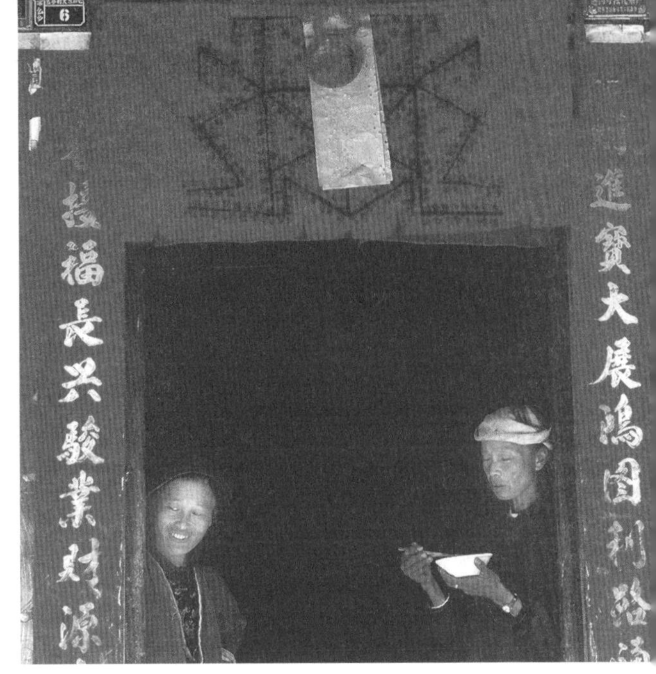

喜庆

增岁月人增寿，感谢风调雨顺，感谢四季平安，感谢五谷丰登。而当新年的365个崭新日子又接踵而至的时候，人再次来到未知的路口，前程未卜，一切变得不可把握，因而，新一轮的期待与祈祷又来到眼底下。

仡家人的新年，在喜庆的底色上，浸染着浓厚的山地色彩。

腊月三十，也是仡家人的除夕。这时候，对外的账结了，债还清了，还有一些人情等到该还的时候才还；家庭内部事宜：该买的年货买了，腊肉熏了，辣椒骨装坛了，酒酿好了，天地神、山神、树神、灶神、列祖列宗都祭祀过了，在年夜，一家人和和美美地围坐在火塘边，舒舒服服地吃团圆饭……总之，里里外外，大事小事，都已经处理得妥妥帖帖了。旧年，如同一个圆满的句号，安安稳稳地停靠在新年的门槛外。

仡家人满心虔诚地跨过了新年的门槛。

隆林仡佬族人们认为，从正月初一到正月十五，都是开展春节活动的时期。其中初一至初三为正节，初四到十五进行拜年活动。过去，正节三天的群体性活动主要有打磨秋、打陀螺、对歌、荡秋千、踢毽子、吹笛、吹箫、吹木叶、纳鞋、缝衣、刺绣，还有打猎，等等，现在这些活动已经很少，只有对歌还偶尔举行，打靶、打篮球、打飞棒、打乒乓球和赛跑等体育项目，是新增加的活动内容。

大年初一、初二，是吃现成食物的日子。鸡、鸭、鱼、肉、糖、果、粽子、糍粑……大年三十就准备好了。这两天，可以烧火，不能动刀。平常用来开荒的、劈柴的、切菜的刀斧都安静本分地收起了刀锋光芒，在原地休息。而火得烧旺，干柴塞进火塘里，忍不住噼啪作响地送出掌声、喝彩、热情与温暖，人就高兴，彻底地闲下来。在这样安稳的日子里，除了祭祀，时间大多在唱山歌、纳鞋、缝衣、刺绣等令人愉悦的闲情逸致中度过。

从正月初四到正月十五，仡家人走亲访友，互相拜年。一年里，远远近近的亲人们虽然牵挂，但各自忙碌，见个面不容易。趁着过年，人闲，心也闲，一面祝福，一面饮酒，一面说说旧年的收获，总结一些经验，再交流一下新年的打算。在这一年中最轻松最愉快的日子里，人们吹笛、吹箫、吹木叶，尽情地对山歌，尤其是磨秋发出的嘎吱嘎吱声激起仡家人的玩兴，打着磨秋，感受着幸福的生活。

新年伊始，万象更新，此间，沉醉在年节里的仡家人还有好些事情要做。

一些仡佬族村寨，正月初二清早，主妇到水井边挑新年第一担水，也叫“头挑水”。到井边，先点燃三炷香，再烧三张凿了钱镂的纸钱，然后默念“谢井神保佑，愿井神保佑”后才挑水。

正月初三开山祭祀，称“开山”或“开三”。这天，吃过了午饭，仡家主妇一阵收拾之后，抬头看看天色，就悄悄地出了家门。她背着一把锄头，带着一口小锅、一只竹篮，篮子里装着糍粑和猪肉。路上遇见邻居，相互恭喜问好，不过，她此行最主要的目的是去祭田母——问候土地母亲。到了自家田边，她点香，燃烛，然后架起小锅炒糍粑，一边炒，一边反复吟唱：“炒虫，虫死……炒草，草死……”也有的主妇不炒糍粑，而是用锄头在田地里象征性地锄三五下，嘴里念“开山除百虫，

仡家汉子

消百灾，好收成”。“开山”的女人眼神温和地凝视着田地一角，她相信，仁慈的田母，此刻正端坐在她看不见的地方默默地注视着她，并深深读懂了一个仡家女性的心愿。“开山”之后，新年的劳作就算是正式开始了。

正月十五元宵节，有的仡家人称之为“吃山薯节”。山薯疙疙瘩瘩的表面看上去像老祖公开荒穿的草鞋，所以又把山薯叫做“草鞋薯”。在仡家人心目中，山薯分量很重，祭树、祭祖的祭品都少不了它。这一天的宴席上，鸡鸭鱼肉不必样样具备，少了两样三样都没关系，但是倘若少了山薯，仡家人就认为“没菜吃”。山薯是仡家人荒年的救命粮，所以念念不忘。

正月二十九日是“了年节”。哈给仡佬和俫仡佬在过了年节时，用他们习惯称为“落难草”的植物嫩叶做粑粑吃，据说这是纪念他们的祖先在历史上的这天经历的艰难。过完年节，满怀新年的憧憬，人们开始了一年的劳作。

一棵树，一尊神

“青冈树啊青冈树／根深叶茂好阴凉／遮得太阳遮得雨／仡佬灵位有地方。”这首流传于仡佬族民间的山歌，唱出了仡家人敬树爱树的情怀。

美丽而圣洁的青冈树，在仡家人眼中，不仅仅是树，也是心中的神。

青冈树的叶子会随天气的变化而变化，所以还有“气象树”的美名。据说，青冈树对于气候条件的反应之所以那么敏感，是因为叶片中所含的叶绿素和花青素的比值变化形成的。在长期干旱之后，即将下雨之前，遇上强光闷热天，叶绿素合成受阻，使花青素在叶片中占优势，叶片逐渐变成红色。农民根据平时对青冈树的观察，得出了经验：当树叶变红时，一两天内会下大雨；雨过天晴，树叶又呈深绿色。人们根据这个信息，预报气象，安排农活。

青冈树根

奏响八音去拜树

每年，仡佬族人都满心虔诚地过一个特别的节——拜树节，也称“喂树节”或“祭树节”。

在拜树节，拜树，拜青冈树。

相传，最初的一户仡佬族先辈，带着祖公婆的香炉和牌位，从贵州历尽艰辛迁徙到磨基村下冲屯时，没有房子安置祖公婆的灵位。寻寻觅觅间，来到寨旁的两棵老青冈树旁。老树挺拔，枝叶如遮风挡雨的巨伞；恰好，发现那虬劲枝干间有两个大小适宜的树洞。于是，灵感来了，不如就把祖公婆牌位安放在这树洞里好了。从此，这两棵树便成了仡佬族的祖树，全族决定每年农历八月十五日为祭祀祖宗树的节日，拜树节便沿袭至今。

拜树节的渊源，应该与仡佬族人世代生活在崇山峻岭间是息息相关的。把家安在山间，难免靠山吃山。有了树木，大山的肌体才是健康的，大山才称得上是珍藏财富的宝库。没有树木，山是空山，鸟兽没有活命的东西，人也没有。所以，树木是仡佬族人生生不息的依靠。人们敬树，就通过拜树节来体现。

拜树节有着具体的内容，仪式也很隆重。

拜树的礼品有：1.5 ~ 2 公斤土法酿制的纯米酒，50 块肥猪肉，2.5 公斤糯米加玉米饭，50 张裁成手掌宽的红纸，一百响鞭炮。这是敬树最起码的礼品，要一一置办，马虎不得，能够提前准备的礼品要提前准备，不能提前准备的，比如新鲜的猪肉、米饭，也要在这天清晨一起床就赶紧准备。

忙碌了好一阵，总算是万事俱备了。这时，全家男女老少便扶老携幼齐齐出发去拜树。人们川流不息地走出村寨，有的拿祭品，有的扛锄头，有的拎柴刀，一派年节的喜庆景象。

在仪式中，最先敬拜的是房前屋后的草木和果树。这些比邻而居的花草树木，距离住屋不远，出出进进，见惯了它们的身影，在感觉中就和出远门遇见家乡人一样既亲切又亲近。经过大半年的孕育，草木给人们带来了硕果累累的秋天。此时来敬拜，一为致谢，二为祝福。于是，在燃放过一阵鞭炮之后，年长而有威望的老人持刀庄重地往草木砍去。第一刀落下，他抬眼问："长不长？"众人答："长。"第二刀落下，再问："长得快不快？"众人答："快。"第三刀落下，又问："长得高不高？"

点火把，送点心

拜树

众人答:“高。”

一问一答，人们说出了内心的愿望——愿草木葱茏，家园常绿。只有青草长得快，长得高，成群的牛羊才健壮。

拜过了草木，要拜果树。也是砍三刀，问三问，答三答。这时候，持刀的长者问“果子大不大”，众人就齐声回答“大”。问果子“甜不甜”，众人就答“甜”。问果子“落不落”，众人就答“不落”。事毕，一小团糯米饭和一块肥肉喂进了刀口处。当然，有吃还要有喝，接下来，一口米酒顺着刀口进入树的身体。然后，用红纸把刀口封住，并给树除草培土。

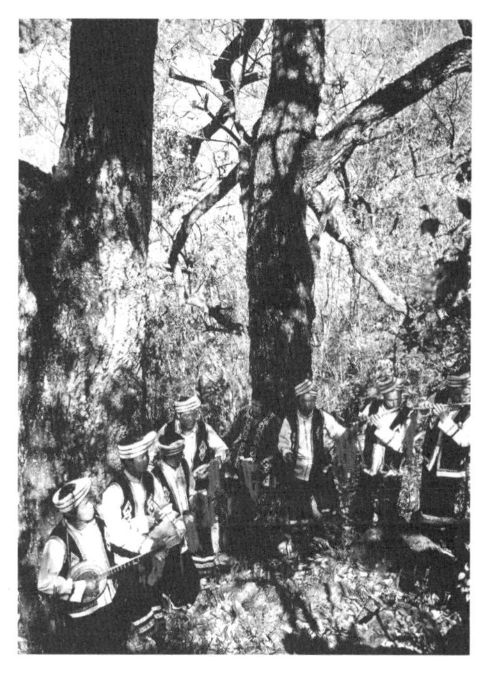

祖宗树下奏八音

拜过房前屋后的草木和果树，接下来就拜远山的了。山深林密，溪涧潺潺。那长得最高大的树，是树神一样的古树，在世间至少也见识过上百年风云，见证着家族的兴衰荣辱，也在默默无言中护佑着村寨的四季安宁，攒了灵性，聚着神性，所以很受山里人敬重。每一次来喂树，在老成持重的古树下焚香，烧纸，鸣炮，跪拜，人的心都不由自主地变得安宁起来。因为虔诚，所以安静。人们带着对古树本能的敬畏心理，一边喂树，一边为来年祈祷，愿大地风调雨顺，愿人间五谷丰登，愿亲人丰衣足食。

那些树木多的人家，就选择一片或一个山坡来拜，也有只选林中一棵最大的树作代表的。总之，最好是把所有的树都拜到，才算吉利。拜树节过后，家家户户、村村寨寨都开展植树造林活动。

拜树仪式全部结束后，人们欢聚，宴饮。

一花一世界，一树一菩提。通过拜树节，佐家人完整地保留着对大自然最深沉最仁慈的爱。

尝新，如我所愿

“种瓜得瓜，种豆得豆。”中国这句老话，说的是愿望，也是一个人人期待的结果。如果耕耘，能够收获，事情如愿以偿，那么，这就是快乐。因此，每逢秋收时节，仡佬族人都要欢天喜地过吃新节，也叫“尝新节”。

关于吃新节的来由，相传很久以前，仡佬族人从湖南一带逃到贵州安顺，有两兄弟又带着祖宗的牌位和香炉从安顺的六枝大崖脚来到广西隆林大水井。当时这一带荒无人烟，野地里，处处茅草高过人，古树遮天蔽日，珍禽异兽成群结队出没。兄弟俩见这里土肥地沃、树多草好，就住了下来，但是又担心野兽伤害而不敢在地面搭棚，只好在大树杈上安铺。祖宗牌位和香炉也在古树的洞里安置。定居后，就开始开荒辟草，垦田造房。后来哥哥发展到 10 多户，弟弟发展到 40 多户，成为人丁兴旺的仡佬冲。后辈的儿孙们为了怀念先祖的恩德和拓荒创业的辛劳，每年秋收都要用新粮先祭祖，然后才“吃新”，并形成传统。

吃新节杀牛祭祖

由此可见，吃新节一是纪念并感谢祖先开荒辟地的辛劳；二是庆祝来之不易的丰收；

三是祈求祖先保佑来年风调雨顺；最后，也是满足嘴巴和肚子长久以来品尝新粮的愿望。

哪一天过吃新节？各地的仡佬族村寨有所不同。一般是根据当年谷物成熟的时间来确定，有农历七月第一个辰（龙）日过节的，也有选定八月巳（蛇）日过节的。因此，仡家有“七吃龙八吃蛇”的说法。

同一姓氏的仡家人每逢吃新节都要举行杀牛祭祖活动。大家按份凑钱，买牯牛宰杀。这天，要聚集在一起吃一顿饭，每户派一名代表，路途远的寨子也派三五个代表来，带牛肉回去祭祖。凡到场者，无论大小都参加吃饭，然后按参加过节的户数平分牛肉和牛心。

分牛肉的时候到了，那场面最引人注目，细节也是最令人难忘的。

一个被推举出来的仡家男子，不管那天是晴是雨，他都会披着蓑衣、戴着斗笠、穿着草鞋登上梯子，爬到高高的屋顶上，用歌声通知各家各户来领牛肉。

“喂——/今年去，明年来/冷的去，热的来/饿的去，饱的来/老天啊老天/祖宗呀祖宗/保佑凡间的儿女吧/让来年风调雨顺/谷子扭成绳/包谷像牛角/我们有吃又有穿/我们怀念天上的老人/我们感谢天上的老人……”

天地变得安宁而寂静。一阵风吹来，将仡家男子的声音传递到山寨的角角落落；

欢歌欢舞庆“吃新”

一群鸟飞来，衔着凡间儿女的心愿飞过万水千山；一片云停下来，带着仡家人怀念与感谢的心意飘过天际。

敬酒

想起一首歌——“没天哪有地，没有地哪有家，没有家哪有你，没有你哪有我……假如你不曾养育我，给我温暖的生活，假如你不曾保护我，我的命运将会是什么，是你抚养我长大……”歌中的“你”，不仅指代亲人，也应该是天地，是祖宗，以及流芳千古的祖德。

吃新节这天，空气中处处散发着农作物成熟的诱人气息。喜庆热闹的氛围在不知不觉间张扬着。在城市里谋生的年轻人，嫁出去的女子，都不约而同地回到家。寨子里，平时忙得马不停蹄，这一天，与尝新吃新无关的活路都放一边去了。午餐，大家是聚在一起高高兴兴吃的。酒足饭饱之后，各自回家换上新衣裳，装扮一新出家门。

“采新去啰——”呼朋引伴的人们从巷道间鱼贯而出，喜滋滋地到田里去采新。

采新成果

有些寨子，采新队伍由八音引领，青年人载歌载舞，只见金黄的稻子点亮了眼睛，飘香的瓜果一刻不停歇地诱惑着嘴巴、舌头和味蕾。放眼望去，蓝得透明的晴空下，青山含情，碧水含笑，人面含喜，那氛围就更加喜庆了。

到了田间，人们一边拿出酒肉在田头祭祀，一边在心里默念：感谢土地，感谢祖宗，感谢收获。然后，怀着喜悦的心情，伸手摘下最大的稻穗、最大的小米穗，最大的包谷，最大的南瓜，最长最红的辣椒，把它们带回家。

奏八音庆丰收

采新回来后，把原先分得的牛肉、牛心拌新的瓜菜煮成一碗，装一小斗甜酒，把事先蒸熟的香米饭和采新的新米饭各一碗摆在神台下的四方桌上祭祖先。再选三穗最长最大的稻谷和两穗小米挂在灶堂上，献给灶神。有些勤快女人趁新鲜将新谷磨了米，打了粉做粑粑，给祖宗尝新。

祭祖之后，就可以亲口品尝最新鲜的新米或新包谷了。

事实上，其他民族也过吃新节。而仡佬族的吃新节，最独特的地方，在于仡佬族人不管是哪个民族家庭栽种的谷物，都可以采摘一点以饱口福，主人家也不见怪。其中的缘由，可以从古歌中找到——“仡佬语：委帽楚数鄂呢（汉语：云南是我们的）/仡佬语：阿鲁楚数鄂呢（汉语：贵州是我们的）……”这首仡佬族古歌，用最直白的语言来表达本民族是中国西南大地上古老的民族。他们祖祖辈辈在这片土地上，开荒辟草，挥汗如雨，功不可没。当然，其他民族也感念仡佬族先民的功劳与苦劳。因此，他们随心享受一点土地上收获的果实，也是情有可原，理所当然的了。

牛在水面照镜子

“仡家一头牛，性命在里头。”在仡家人心目中，牛与人生死攸关。

人们的心里，流传着一个感人的牛王故事。

在古老的传说中，仡佬族住的山坡又高又陡，山上怪石嶙峋，再怎么勤快，日子都难过。大家一致推举足智多谋的小伙子阿王带领大家迁徙到水草丰茂之地。阿王也不推托，他牵着与他朝夕相伴的一头牛，领着族人向远方走去。

眨眼间，许多个寻寻觅觅的日子过去了，干粮所剩无几。人也累，牛也倦，依然没有发现适合收获的地方。太阳落山了，大家找了个岩洞过夜。因为疲惫，人们倒头便睡。阿王醒得早，处处寻找不到牛的踪影。大家找啊找啊，还是没有结果。

阿王的哭声令人心碎，神都被感动了。绝望之中，传来牛的呼唤。阿王朝那声音狂奔而去。然后，奇迹出现了。那头牛，正站在一棵枝繁叶茂的树下目光炯炯地看着他。

鱼塘

阿王笑了。牛抬头，哞哞长叫，像在呼唤神灵助人一臂之力。恰在此时，追随而来的众人目瞪口呆地看见，难以置信的奇迹出现在眼前——白过天上云朵的大米，像一条银光四射的米河，扑簌簌地从树上落下来。在阿王面前，米花四溅，渐渐地堆成个不大不小的小米山。

仡佬人笑了。他们美美地吃了一顿白米饭，晚上睡觉，也安稳了。可是天亮的时候，牛又不见了。细心的阿王发现，阳光下，一行清晰可辨的牛蹄印，一直伸向远方。阿王心都跳出来了，他领着众人，循着金色的牛蹄印，找到了他那头恩深似海的神牛。神牛所在的地方，是一个无人居住的林坝子，周边有山，山上有树，山下有河，河岸有田。这样就最好啦！

人们欢呼雀跃地围着神牛，从袋子中掏出剩下的一点粑粑，挂在牛角上，感谢牛劳苦功高。

在那里，仡佬族人安居乐业。牛救了他们，所以仡佬族人敬牛如神。不过，牛从来都没有生出居功自傲之心，一年到头依旧任劳任怨，吃的依然简单，有青草吃青草，没青草吃干草，反正只要肚子不空就得了。

为了表达仡佬族人心中的敬与爱，每年农历十月初一这天，专门给牛过节，叫“牛王节”，也称“牛神节”、“敬牛王菩萨节”、“祭牛王节”。当日，牛放假一天，不耕不作，安心休息，开心度假。

为了迎接这个好日子的到来，头天，仡佬族人家就把牛厩里里外外收拾得干干净净。仡家的男人和女人一起来到牛厩，女人牵牛去坡地上晒太阳、啃草叶；男人则把牛栏粪清空，然后从草房里抱几捆干草来，重新垫上厚厚的一层，这样，牛一回来，就可以舒服地躺在上面歇息了。

喂养

过节这天，家家户户为牛忙。寨子里一大早就处处洋溢着既忙碌又喜庆的气氛。男人做的第一件事是杀鸡。第二件事是备酒。第三件事是把鸡和酒一起拿到牛厩门前供，然后焚香，燃烛，烧纸钱，祈求牛神保佑自家耕牛身强体壮。神色温柔的女人，则端着最好的牧草和饲料来喂牛，一边放下，一边像呼唤亲人一样喊牛起来慢慢吃。

当然，精彩节目还在后头。陆陆续续，各家各户都牵着牛出来了。牛都一副喜笑颜开的模样，月亮船一样的牛角上，一左一右悬挂着用上等糯米做成的糍粑。牛气定神闲地随主人出了寨子，往水边走去。到河边，主人牵着牛，站在水边，让牛从水平如镜的水面上，欣赏自己朴实憨厚的面相，以及永远壮实如墙的身子。牛自我感觉良好地哞哞叫唤了几声，似乎是与它的同伴互相赞美着，呵呵，都健壮着呢，不算老，还能够过好多个仡家人的牛王节呢。牛从水中照见自己的影子，眉不愁，脸不苦，看上去依然有智者风范，满意了。主人取下糍粑送到它的嘴边，就乐滋滋地用舌头卷进嘴巴，美美地享受了。

耕地

没有养牛的人家，平时都借了别人家的耕牛使用，当天，也准备了酒肉香烛，到自家田地边祭祀，祈求牛王菩萨保佑自家早日买上耕牛。

世上有个吃虫节

很久以前，倈佐佬就把“虫”与“吃”联系在一起了。

这中间，是有故事的。

传说古时候，佐佬山虫灾连年，五谷歉收。人们饱受虫灾之苦，却又无计可施。

山间小路

绿色围绕的民居

寨老们商议后，张榜悬赏：除虫害者，赏肥猪三头。先是公鸡揭榜，谁知公鸡到了田里，没吃到几个虫子，就被露水打湿了羽毛，灰溜溜退场。接下来，鸭子揭榜，它说："我的羽毛不怕水，嘴也大，一定可以消除虫害。"可是，鸭在水里游，虫在禾上飞，脖子都伸累了，虫子依然没消灭多少。最后，一个自以为法术高超的道士来揭榜，可惜虫子听不懂法咒，道士只好作罢。眼看一年的收成又将泡汤，人们心急如焚。

还好，天无绝人之路。农历六月初二那天，一个叫甲娘的穷人给仡家人带来了转机。她从外乡回娘家，走到自家的田垌时，看见田里稻子被虫子糟蹋得不像样子，而自己也穷得什么礼物都没带，就伤心地坐在田埂上发愁。几个孩子见妈妈不走了，就跑到田里捉虫子玩，一下子捉了好几包。甲娘见了，突发奇想：不如，就多捉些虫子做礼物吧。后来，那些虫子用来做菜炒了，还很香。消息不胫而走，一时间捉虫成风，害虫渐渐地成不了气候。那一年，取得了丰收。寨老们赏了甲娘三头肥猪，善良的甲娘把猪杀了，分给百姓。甲娘死后，人们在田垌间立庙，以表纪念，后人称为"吃虫庙"。

从此以后，每年农历六月初二，俫佬佬都过吃虫节，还把吃虫习俗上升为一种传统饮食文化。一不小心，就比 21 世纪的时尚饮食专家、营养学专家倡导的昆虫食品早了好多好多年。

农历六月，正当夏天，百草丰茂，百虫繁盛。白天，人们走在野地里，望见远远近近的稻子黄黄绿绿一片，眼神便布满感动。一感动，心情就格外好，脱口而出的歌儿和踢踏的脚步声把草丛间藏着的虫子带动了。虫子们也不知道是闻歌起舞，还是被歌惊动。走路的人，不经意间注意到田埂上草虫翻飞腾跃的细节。到晚间，躺在床上，角落里此起彼伏的唧唧虫声再次提醒着他——一年一度的吃虫节到了，过节要置办的酒和肉得提前准备好。

节日当天，人们早早地起了床，推开家门，迎着晨风，踏着露水，出去找虫。找虫的人一路上就听见鸟声不断，心想：这些找虫吃的鸟起得可真早。嘿嘿，365 天，只有今天，人和鸟争虫吃。不过，佬家人打小就学会了捉虫，捉虫捉出了经验，捉出了智慧。他们的俗话中，就有“叫的蚂蚱没有肉”这么颇为幽默的话语。这句话反过来就是说，不叫的蚂蚱肉肥。引申的意思是说生活中人应该谦虚，唧唧喳喳说话没完没了的人，虽然叫得起，其实没有什么真才实学。所以，找虫的人走在地头，听到蚂蚱叫，就忍不住扬起嘴角笑：“呵呵，叫的蚂蚱没有肉。”

风光如画

经过一番寻寻觅觅，不知不觉已经捉到成百上千只虫子，大蚂蚱、小蚂蚱、竹节虫、蝉蛹、蝶蛹、蜂蛹……不一样的虫，不一样的性格，或者活跃，或者安静，或者威猛，或者温柔，今天，都将变成美味佳肴。

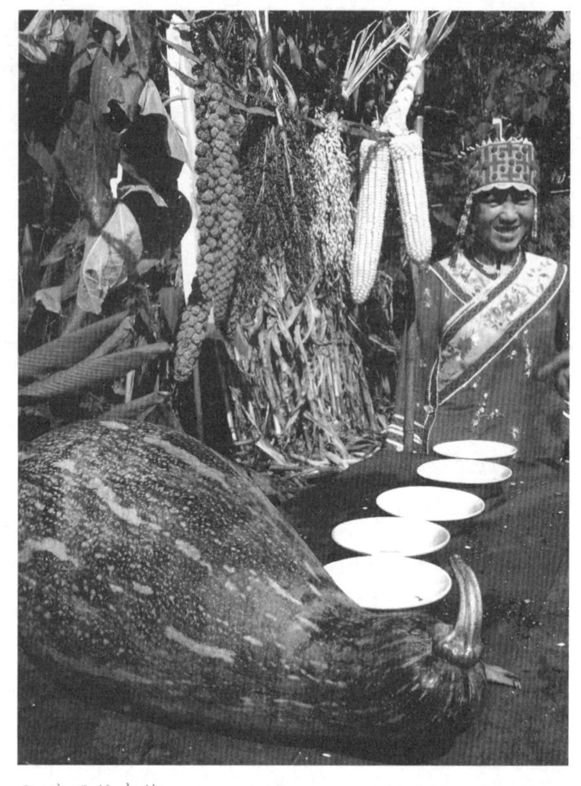

庆五谷丰收

过吃虫节，最先把虫子变成美味的，多半是调皮的小孩子。他们三三两两去找虫，走到草地上，故意把脚在地上跺一下，那些莫名其妙的虫子就慌慌地跳起来，水珠一样四处飞溅。小孩子这里一扑，那里一抓，塑料袋一下子就铺了一层底，虫子们胡乱挣扎，可是怎么努力，也难逃出去了。有的不拿袋子，随便扯根草心来穿，啊哈，一根绳子上的蚂蚱，逃不了你也逃不了我。不久，一小堆干柴草烧起来了，烧烤蚂蚱，小孩子最擅长制作野外美味，无师自通。

这一天，起得最早的，当然是已经出嫁的女子，因为，要赶回娘家过吃虫节。今天回娘家，礼物不是左手一只鸡右手一只鸭，而是虫子。所以，这些嫁出去的女子们，要沿路一边走一边捉虫。她们走在路上，没有太多的心思回忆在故乡做女儿的故事，只一心一意捉虫。捉到的虫越多，回家才没有两手空空的感觉。她们的眼神明亮地在草木上寻觅、停留或者掠过。她们觉得，每只捕获的虫子，都像一个小小的喜悦，等在她们回家的路上。

这一天，最开心的时刻自然是在“虫宴”上了。上桌了，餐桌上，油炸蝗虫、爆炒蜂蛹、酸蚂蚱、糖炒蝶蛹、蚂蚁酥饼……美味一碟又一碟地端上来了，菜香也满屋满屋地飘。此时，香味成了无法抗拒的诱惑。最好马上开席，不然，未曾举箸，口水就不懂得要翻来覆去来来回回咽多少次。谁要是做事情磨磨蹭蹭让人等候，准挨家人埋怨。

“吃，吃它个粉身碎骨，嚼它个断子绝孙。”家长一声令下，人人举箸，夹虫，送进嘴巴，动作整齐。

“香啊，香，好吃！”

“吃！多吃！”

团团围坐的人们，一边痛快地吃虫，一边赞叹着美味。害虫少了，丰收的把握就大许多。

喝酒的，不久就更加兴奋，这虫做的佳肴，下酒最过瘾。

酒足饭饱之后，人们聚集到吃虫庙，唱歌跳舞。然后，排成长队到田垌游行，边走边捉虫，还插撒有鸡血的小白旗，表示向害虫示威，纪念甲娘。如今捉虫的习俗已经渐渐退去，但不少人在这天还是会到地里找熟地瓜来吃。

仡佬山村

第三章

有滋有味

惜米如玉

在民间传说《谷种的来历》中，最初，仡佬族人并不懂耕种稻谷。

故事里说，在遥远的古代，仡佬族没有谷种。一天，一只神狗不知怎么的就跑到了月亮上。跑累了，躺在谷堆里睡觉，滚了一身稻谷。归途，过大河，仅剩余狗尾巴上几粒稻谷未被冲走，就带了回家。那谷种滚落在主人家的田地上，发了芽，然后分蘖，抽穗，灌浆，长成饱满的谷粒。主人盯着金黄的稻谷看了又看，不敢吃。第二年，长出更多的稻谷，还是不敢吃。第三年，忍不住了，摘了几粒谷子尝，味道不错，就用石刀割了稻子，用石磨褪了谷壳，生火煮了，更香，更好吃。从此以后，就放心吃了。

具体说来，也不知从何时开始，仡佬族人开始栽种水稻和旱稻。

事实上，无论是在广西，还是贵州、云南，仡佬族人生活的地域大多在云贵高原的大石山区，只有地势稍微平坦而又能够蓄水的地方，才可以种上水稻。就像他们世代流传的民间谚语所说“要吃大米饭，开山把田办”，“要发要发，早早起来扛犁耙；要穷要穷，天天睡到太阳红”。话说回来，再怎么勤快，在山间造梯田，

丰收季节

● 仡佬族少女

大块的不过一两分地，小块的田脱下斗笠就盖没了，种田的收获自然就相当有限。

稻谷不怎么好种，就种适合山地栽培的玉米。

山旮旯里，土层厚实些，这里一小片那里一小片栽种的几乎全是玉米。石窝窝里，薄薄地留住一层土，也见缝插针地三五棵、八九棵地点上玉米。那背着背篓的大姑娘小媳妇，要等到地里玉米完全饱满成熟了才采摘回来，一排排的玉米粒剥下来，如金似玉地睡在谷垫上，晒干了，顺顺当当地收进柜子里。所以，仡佬族人辛勤耕种换来的收获，排第一位的永远都是玉米，稻谷排第二位，尾随在稻谷身后的是荞麦、小米、小麦、红稗、黄豆、山薯、豌豆、蚕豆、四季豆、高粱等。

城里人走在街头闻见玉米香，就忍不住买来吃，那是嫩玉米，蒸熟了或者烤香了当零食吃，图个新鲜，解个馋而已。而在仡佬族人家，玉米饭则是一年四季饭碗里的主食。

常常吃和偶尔吃到底是两码事，不可同日而语。为了把玉米饭做得好吃一些，要经过两淘两蒸四道工序。仡家大嫂先把玉米磨成细小如米的颗粒，用筛子去皮，倒入簸箕中淘洗后，便放到蒸笼中蒸。冒气后，再淘洗，又一次蒸至冒气，这时候，一笼香软的玉米饭就大功告成了。玉米饭比较干，以辣椒骨为作料，就着汤吃，更好。

推磨

相比之下，混合饭比玉米饭好吃许多。这饭，是把玉米和白米混合着煮。可是，因为稻米金贵，混合饭轻易吃不到。要想吃，得等有客来，或者逢年过节。

世上，以时间难得者，惜时。以食物难得者，惜物。正如隆林谚语“灶上碗，轮流捧”说的那样，食物难得。所以，仡佬族人懂得惜物。惜谷，惜米，惜麦，惜豆，惜一切可惜之物。

仡佬族人年年过大米节，时间定在正月初八。大米节与你想象中的可不一样。因为，大凡过某节，多是张扬某物，比如鲜花节张扬鲜花，米粉节张扬米粉，西红柿节张扬西红柿。大米节这天，大米不露面，仡佬族人家不得将生米煮成熟饭。如果谁忍不住想吃饭，也只能够吃头一天剩下的饭。

大米们安安静静地聚在米缸里过节，没有人打扰它们。

人们怀着对大米的感恩与爱惜之心，度过了大米节。

第二天是正月初九，过黄豆节。在仡佬族人心目中，这一天是倍受他们喜爱的黄豆的生日。同样，也是以不吃黄豆表达对黄豆的感激之情。

仡佬族人的惜物之心，难得。

仡佬族圩日

谁让味蕾开了花

仡家人说：不食无味之菜。

他们世世代代生活在山区，海拔上千米的高原地带。山旮旯里，不仅阳光吝啬，土层也只是包着山骨头的一层地皮，薄，瘦，收不住水，藏不住肥，只是种点辣椒、黄豆、草鞋薯还可以，连青菜都难得一年四季有，生存环境、生活条件更是难与鱼米之乡相提并论。可是，怎么吃菜的标准听起来有些挑剔？其实，他们的要求并不算高，所谓的不食无味之菜，只是一种味道的追求而已。

酸甜苦辣咸，他们独爱吃辣。山珍海味，鸡鸭鱼肉，有得吃当然最好不过，没有也不强求。唯独辣椒，是一日三餐不可少。少了辣椒，那菜就是无味的菜。少了辣椒，一餐饭吃下来，舌头上的味蕾还没开过花，即使肚子饱了，嘴巴还是馋着。

欢聚一堂

当然，其他

朴实的仡佬族妇女

味道的蔬菜也是要吃的。过年过节，杀猪，宰牛，鸡啊鸭啊鱼啊，都是款待客人必不可少的菜肴。平常日子，种有苦瓜吃苦瓜，摘了南瓜吃南瓜，择了青菜炒青菜，拔了竹笋炒竹笋，采了菌子煮菌子，捉了鱼虾煮鱼虾，磨了豆腐吃豆腐……蔬菜旺季，吃不完的蔬菜，就风干，或者腌藏，比如晒干辣椒，晒萝卜干、南瓜干、白瓜干，腌大头菜、酸菜，家里的坛坛罐罐，存满了窖货，等到蔬菜淡季，拿出来填补空缺。

总之，仡家人饮食追求可谓简单得不能再简单。一句话，有什么吃什么，但是没什么也不能没辣椒。

不信，我们一起走进仡家人的厨房，看一看他们怎么做菜。

仡家大嫂见客人来了，山野菊花一样朴实而灿烂的笑脸就递过来了。“真是啊，早上火笑，贵客来到。讲得一点都没错。”看看，她已经炒了一盘干竹笋焖腊肉，一盘青椒炒干鱼仔，一盘酸豆角炒牛肉。眼前这一道正下锅的菜，是鸡肉，居然先爆炒了辣椒骨，然后才沏水。烧开了，水花翻腾，卷起一片红。鸡肉放下去，旺火烧片刻，鸡汤再度烧开，只见锅中鸡块浮浮沉沉于“半江瑟瑟半江红”的意境中。那美色，竟然来自一锅辣鸡汤，你没见过吧。

上桌了。果然，无辣不成席。看看桌面上，一碗碗一碟碟，荤荤素素，红红绿绿，不必说你也知道，抛头露面最多的自然是非辣椒莫属了。先尝尝那辣鸡汤，嘿，那味道，亦鲜亦甜，亦香亦辣，亦浓亦淡，浓淡相宜，真是独树一帜，妙不可言。

当然，谈到味道，不可不提仡佬族特色食品——辣椒骨。

谁能够想得到呢，把世界上最辛辣的食品与最坚硬的骨头搭配在一起吃，第一印象，多少都有些始料不及吧。不过，事情往往都带有两面性，看似风马牛不相及的两样东西放到一起，要么成为败笔，要么成就绝配。辣椒骨，属于后者。

辣椒骨的制作并不复杂。第一步，先将新鲜的大副猪骨头用大斧头捣成碎块，再用石碓舂成骨粉末；第二步，将干辣椒舂成的辣椒粉与猪骨粉捞匀；第三步，添加碎鸡肉，拌入烧酒、花椒和食盐；第四步，装坛，密封，大功告成。

佳肴

辣椒骨，到底是值得期待的食品。才盖上盖子，装坛人就开始惦记了。眼看着10多天过去了，女主人就喜滋滋地去开坛。她拿碗，拿小调羹，打开秘密一样打开了坛子，然后，她如愿以偿地闻到了一坛子精心酝酿、细心收藏的香。

其实，她不用开坛也早就知道了结果。她知道，在坛中，辣椒与骨头牵着的手是没放开过的，拥抱是亲密无间的，亲吻是满心满意的。辣椒拼命地吸着骨头骨子里的香味，而骨头也忘情吮吸着辣椒身体深处的味。一场来自辣椒与骨头死心塌地的相爱，成就了辣椒骨。

由此，我们懂得了仡家人的味蕾为何因辣椒骨而开花了。

开坛的辣椒骨，可以吃一点，取一点，可单独熬汤，亦可用做配料为其他肉菜锦上添花，尤其是吃玉米饭，更是离不开辣椒骨。

仡佬族人说，他们爱吃辣，自然有吃辣的理由，可以驱除寒意，可以祛湿，可以开胃，可以消食。最重要的，在舌尖上，在时间里，留下了味道，多好。

美滋美味

春糍粑，拍月亮

最初，仡佬族的祖先开出的荒地多在崇山峻岭间，太阳照射时间短，水也沁凉，只有栽种糯米才有收成。柔柔软软的糯米，喂养仡佬族先民度过了岁岁年年。因此，用糯米舂制的糍粑成了仡佬族人情有独钟的一种食品，尤其是在过年，糍粑成了敬祖必不可少的一样祭品。

仡佬族民间舂糍粑的时间各地不一，一般在除夕前。

广西隆林仡佬族一般是在除夕夜，一边舂糍粑一边迎来新年的曙光。这是个许

其乐融融

石磨

菜刀

多年以后依旧留在记忆中的夜晚。大人小孩都怀着对新年的美好憧憬甜甜睡了，在梦乡，一片祥和的彩云飘过屋顶，一棵开花的心愿树结了满树果。第一遍鸡啼之后，女主人醒了，即轻手轻脚地离开了被窝，起床蒸糯米。新年还在夜色中，好静。锅早洗干净了，在清水中浸泡透的糯米已经淘洗好了，柴火也静靠在火塘一侧。她在木甑底下垫了一层白棉纱布，然后将糯米倒入甑中，盖上盖子。现在，她坐下，烧火，蒸糯米饭。鸡啼三遍后，男主人把迎新的鞭炮点燃了，炸开了，为新年开路。家人齐齐起了床，第一件事情，走着一地红，热热闹闹舂糍粑。

几家人一起舂糍粑的场景尤其热闹。

看看，石臼已经给大力士搬到堂屋正中了，一根根圆滑结实的粗木棒——杵粑棍，浸在木盆子里，摆放糍粑的干净门板横躺在长板凳上，蜂蜜或茶油也搁在四方桌的案板上了。

“来啦——来啦——”一颗颗一粒粒珠圆玉润的糯米热气腾腾地出甑了，并被迅速倒入石臼。两两相对而站的汉子，握紧手中的杵，一上一下地舂，此起彼落，彼起此落。舂糍粑是件需要臂力的活儿，但是讲究循序渐进的技巧。起先，要轻，要细，要慢，一下又一下地舂，慢慢地深入，不然，白花花的糯米在抽杵时会溅出来，溢出来。等到糯团渐渐地抱紧，难度增加了，因为糯的黏性，下杵和抽杵都不容易。此时，不加快节奏不使大力不行。舂着舂着，就出汗了，可是不能歇下来，糯米需得趁热舂。汉子们为了坚持，就边舂边唱：“不要挖 / 张飞给我打糍粑 / 你一棒来

我一棒／棒棒杵在船舷上。”有歌声配合着，身体里潜藏的力量给唤起来了。杵起，杵落，那些黏性十足的糯米就粘得更紧了，绵绵地软软地搂抱成一团。

终于，紧随着一声吆喝，“啪——”铿锵有力的一声，柔软如泥又韧劲十足的糯米团，被汉子们用杵粑棍从石臼中翻起，并牢牢地架着送到台面上。另一个身手敏捷的男子，早在案板上抹过了猪油、蛋清，手上也抹了蜜糖或者茶油，为的是不让糯米团黏手。他双手掀起糯米团，呼的一声高高抡起，举过头顶，又啪地掷下，三拍两搓，就把糯米团变成拳头粗的一长坨，然后一一拗断，分给女人和孩子们拍糍粑。

馋嘴的孩子猴急，抢上糯米团就送进嘴巴，一不小心，被烫得哇哇直叫，惹来满堂哄笑。拿到糯米团的人，先把它揉圆，然后双手用力，往手心一按，再四周捏一捏，又按，一个满月一样饱满的糍粑就在手中诞生了。左手拍几拍，右手拍几拍，感觉竟像拍月亮。真好，拍到了天上的月亮。有的人家为了衬托喜气，就在糍粑中间点红，那感觉，又像是为月亮点了一颗美人痣。

因为用途不同，糍粑的大小也不同。最大的，直径约有 50 厘米，是用来敬供祖先的。一般的，就和看到的月亮一样，巴掌大小，留着自己吃，或者赠送客人。

糍粑搁在门板上晾了三五天，冷却了，硬得和铁饼子一样，主人在大缸或者水桶中注满了清水，把糍粑一个个放进去，安静地躺着，就和水中的月亮一样。这样存放糍粑，过一段时间更换一次水，糍粑不会变质、开裂，留到清明节都不变质。

舂好的糍粑可以派上多种用途。

首先是用来敬供的。隆林仡佬族，在糍粑做好后，家中的长者向神台烧“早香”，供摆“祖宗糍粑”，请祖宗慢慢享用。之后，长者在草料里包个小糍粑送到牛栏边请牛享用，一边念着“牛吃，牛辛苦”，感谢牛为一个家奉献了辛劳。

碾米机

其次是用来赠送。客人来家里做客，回去的时候，就送上糍粑，祝福客人吉利平安。仡佬族人有找保爷的习俗，过年了，送给保爷的礼品中，有腊肉、酒、粽子，还有一样就是糍粑。

当然，最后的用途就是吃了。吃糍粑，也可以吃出许多花样。

火塘

仡家人大多生活在大石山区，冬天寒冷，火塘一般都烧着火，架着三脚铁撑。腊月里，农活不多，没事就捞个糍粑在火边慢慢地烘烤。烤糍粑火不宜大，急功近利用猛火烤，表皮一下子就焦黑了，里面却还是硬的。最好是文火，比如炭火，糍粑被烘着，就如同冷硬的汉子渐渐地被温暖感动，由表及里，由一面到另一面，开始一寸一寸地软起来，渐渐地鼓起来胀起来，最后，整个糍粑都圆嘟嘟的了。烤糍粑的人，喜滋滋地拿起，轻轻地吹了又吹，凉一下才吃。仡家人嗜辣，就把糍粑对折过来，中间用辣椒骨或者豆腐乳夹心，然后，送进嘴，一口下去，那个软啊，辣啊，香啊，真是好吃得难以形容。如果喜欢吃甜的，就铺一层蜜糖再对折，这样吃，则是甜甜软软的感觉。也有人喜欢吃什么都不放的糍粑，喜欢的，则是淡淡的本色糯香。

糍粑的另一种吃法，用油煎了吃，也一样香。

如果想要清淡些的口味，可以用青菜加水煮糍粑，又是另一种好吃的味道。

广西世居
民族文化丛书

第四章

风如水流

在磨秋上飞

磨秋，是甚受仡佬族人喜爱的一项传统体育项目。

仡佬族人似乎天生就是打磨秋的高手，在第二届、第三届全国民运会上，他们连续两届获得打磨秋项目的第一名。

关于磨秋，民间有一个遥远而凄美的故事。传说在从前，久旱不雨，大地干裂。人们眼睁睁地看着地里的庄稼就要绝收，却无计可施。正当人们一步步陷入恐怖和绝望之时，有两兄弟想出了好办法：用木头做成磨秋，荡到天上去，求老天爷开恩。

与山为邻

● 花开时节

打了整整十五个昼夜的磨秋，终于感动了苍天。天降甘霖，兄弟俩却因劳累过度失去了年轻的生命。人们为了表达内心的感谢，便在节日里打磨秋，纪念他们。

仡佬族打磨秋，多在农闲时节，尤其是逢年过节，屯屯都有人打磨秋。人们听不得磨秋响，磨秋一转动，那传出很远的嘎吱嘎吱的响声，就形成一种令人兴奋的诱惑——来啊来啊快来啊，来啊来啊快来啊，来啊来啊快来啊！男女老幼都出家门来了，有的人还走村串寨去打磨秋。人们围着磨秋乐，谁都不愿离开。

人们打磨秋的心情从制作磨秋的时候就开始酝酿起来了。

磨秋一般由长约5米的秋杆、2米的秋桩、50厘米的护杆三部分组成。打磨秋时，秋杆两端骑坐对等人数，骑坐者用脚蹬地略跑数步后，即迅速骑上木杆或匍匐杆头，秋杆以秋桩为轴升降转动，如推磨旋转，似秋千升降，故名磨秋。随着秋杆的旋转起伏，落地的一方用脚蹬地，增加动力，使杆弹起，这样，木杆两端交替上下，旋转不止。

为了制作一副好的磨秋，得花不少时间和精力。要找到上好的硬木，锥栗木和青冈木是首选的制作材料，用这两种木材做磨秋，玩时，只要在磨秋洞里放上木炭和猪油，磨秋在一上一下旋转时，发出的嘎吱嘎吱响声会传出很远。有了好的制作材料，还要有好的制作手艺，制作的人得精通木工。

● 仡佬族老人采芭蕉芋

木工用刨子把秋杆刨得圆滑，头尾大小相近。他量出中心点，在两端距中心点各 15 厘米处，每端各打一个长 4 厘米、宽 2 厘米的四方洞，接着，在护杆上也打两个长 4 厘米、宽 2 厘米的四方洞，洞的间距必须与秋杆的相同。然后，用 30 厘米长、4 厘米宽、2 厘米厚的木片穿过秋杆和护杆，把它们连在一起，钉上木钉，在秋杆和护杆的中心点打个直径 5 厘米的圆洞。最后，把秋桩的尾端距顶 10 厘米处削成上小下大的圆锥形，下端埋入土 50 厘米。至此，磨秋制作完毕。大伙儿把秋杆架到秋桩上，就可以使用了。

打磨秋比赛或者表演的规则：一是比赛的场地要求平整，至少有 25 到 30 平方米；二是比赛（表演）分为骑（男）式和腹（女）式；三是由右向左推磨势的向前旋转；四是谁被甩落下来或坚持不下去，要求停止，算输。

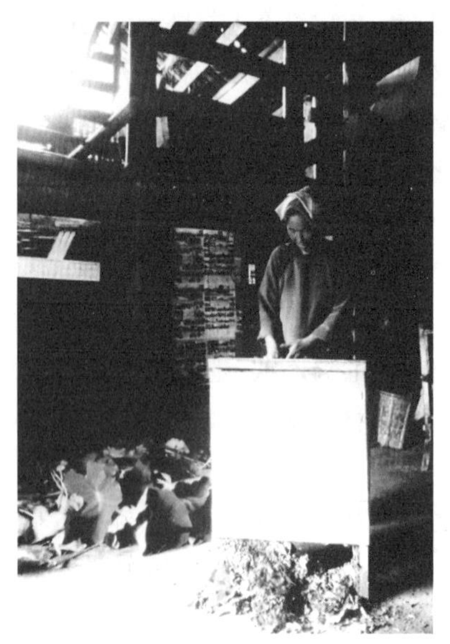

● 切猪菜

其实，不论是比赛，还是表演，都一样吸引人。

在打磨秋的场地，蠢蠢欲动的人们早蜂拥而至。

比赛开始了。只见双方各据秋杆一端，手扶并腹贴秋杆，然后用脚起劲一蹬，两人即依旋木一起一落地旋转。现在，眼看其中一人旋降就要接近地面了，只见他使劲用脚一蹬，秋杆在惯性和外力的推动下，转速越来越快。风呼呼地吹过，那秋杆上的玩家在捕获一阵阵令人眩晕的快感，他越来越深刻地觉得自己是在飞翔，如自由的鸟。他们终于旋转到了至高点上，在众目睽睽下，他越来越强烈地萌生出展示身体矫健与美丽的念头。只见他以腹部为支点，如飞燕于风中展翅，这个经典的动作叫“飞燕式的平旋（360°）”，或者，他两腿叉坐秋杆，双手扶旋杆，凭着秋杆进行“360° 风车式竖旋”。打磨秋比赛，就在这样接二连三的高难度动作中，高潮迭起。那惊险，那优美，博得掌声如潮。喝彩声更是毫不掩饰地表达了人们对磨秋高手由衷的佩服。终于，磨秋上的一方终于感到头晕了，他感觉不仅仅自己在飞，天也跟着自己旋，地也随着自己转。于是他赶忙叫停。

如果磨秋上的高手是女性，那么，最吸引眼球的自然是“凤凰展翅”的动作了。此时此刻，女性的美是致命的，一不小心，就“电倒”一堆帅哥。当然啦，磨秋上的年轻男性高手，杀伤力也是致命的。这样的美男，又有几个女性不青睐？事实上，不论男女老少，对于磨秋的喜与爱，全在于感染并且陶醉于力与美。

你想飞就飞吧，有一个磨秋就可以自由自在地飞。这就是磨秋的魅力。

煮猪菜

上 善 若 水

善良也是一种智慧，处世的智慧。

仡佬族人是崇善的仁者，他们遵循着一条条代代相传的教人惩恶向善的古规古礼，抵制罪恶，呵护善良，过着朴实而安宁的时日。

千年之前，《新唐书·南蛮传》就记载了仡佬族先民僚人共同的约定："杀人者死，盗物者倍还其赃。"也有一些仡佬族村寨，为了严肃起见，乡规民约或镌刻在

先祖灵位

宗祠中的墙壁上，或勒石立碑于村头树下。也有无文字记载的，但由老一辈向后一代口述，传承为社会公众的约法。

树木葱茏

仡佬族的古规古礼多与农耕生活息息相关，涉及树木、土地、稼穑、财产等方面。

树木　旧时的乡约规定，私砍树木者，被发现则夺去刀，有的还要照价赔钱。

牲畜损害庄稼　牲畜损害玉米和稻谷在10公斤以下者不必赔偿，但要受责备。玉米和稻谷被牲畜损害10公斤以上者则要到寨老或村长那里评理，要赔偿牲畜损害造成的损失，若不赔偿就要给受害的庄稼加肥，若这些庄稼能照常生长就了事，若不能照常生长就要赔偿。若同一户的牛马再次损害庄稼，畜户不听警告，打死牲畜无事。如今只要牲畜损害庄稼，都一律按照民事法规进行相应的赔偿和处罚。

偷盗的处理　哈给支系的仡佬族凡是偷牛马、稻谷、玉米、猪、鸡、狗或家内的东西都要由寨老或村长处理，退回原物或照价赔偿，并要杀鸡请酒，表示惩罚。若一再重犯，可将偷盗者打死无事，到民国中期，改为双倍罚款。特罗支系的仡佬族，凡捉到牛马偷盗者除罚重款外，还要照价赔偿，重犯者杀头或交由政府监禁（后期改为双倍罚金）。如今凡是抓到有偷盗行为的人，处理办法一律都是扭送当地派出所，由派出所进行处罚。

财产的继承　隆林仡佬族一旦长辈过世，晚辈们就会各自分家生活。在继承财产的时候，哈给支系的仡佬族子女皆有财产继承权。特罗支系的仡佬族分家时有所

● 牲畜圈

区别，他们先宴请父老共同商量分配田产，先由小弟占有房屋（因小弟年小无能力起房子），后平均分配，立字为据，各执一张。这样的继承方式沿用至今。

此外，关于打伤人案、奸污和通奸案、打死人案、拐妇案等，都有明确的村规民约。

虽然有一些约定和规定慢慢地落后于时代，但是，所有这些来自民间的约定，记录着普普通通的老百姓善良的愿望，人们相信世界有公道在，也用自身的行动捍卫着公正与公平。包括牛马、稻谷、玉米、猪、鸡、狗都是我们生活的一部分，人应该与它们相处得更好。

随着社会的进步，村规民约依然在农村扮演着重要的角色。如今隆林仡佬族社会为了明确山界地界各自使用权属，保护山林绿化环境，根据《中华人民共和国森林法》、《中华人民共和国土地管理法》和《中华人民共和国村民委员会组织法》有关规定，邀请临近各社领导［衬家冲（常么）、下处卡、龙洞、丫口、马龙洞、大老地、陈家冲（德峨）、庆脚、岩口洞］前来参加，共同制订了以下的社规民约。

一、关于山林护管问题。

1. 护管山林是我社每个公民的应尽职责。如破坏我社山林，按偷砍一根树木的木头直径每厘米处罚5元计。每偷砍一捆生柴处罚20元，每偷砍一捆干柴处罚10元。

2. 在春季树木盛长季节，如故意放家畜毁害山林，按每头牛、每匹马处罚10元计算，每只羊5元计。

3. 加强草山管理，如发现有人偷割草山，以捆数计，每捆山草处罚5元计。如故意放家畜践踏山草，按每头牛、每匹马处罚10元计，每只羊处罚5元计。

二、确保粮食有种有收。

如发现有人偷盗玉米、瓜类、蔬菜，每次处罚20元。玉米种下后，若是遭到家畜损害，按窝计算损失。玉米苗期，如遭牲畜损害，赔偿损失0.15公斤。玉米成熟期，如遭牲畜损害，护理后赔偿0.5公斤。如多次故意放家畜践踏庄稼的按每头牛、每匹马处罚10元计，每只羊处罚5元计，再实际赔偿损失。

芭蕉芋

三、管理好家畜。

不能让家畜践踏土地，确保各耕春种，在冬季不得成片乱放家畜践踏土地，如发现经教育不改的按每头牛、每匹马每天处罚10元。

也许，从现行的社规民约，我们可以读懂为什么仡佬山乡一片葱茏的原因了。现代人说的养生，不仅仅指人，在仡佬族人心目中，养生就是养万物。

仡佬族的古规古礼，也有许多是与人情伦理紧密相连的。那是一些关于生活的礼仪和习俗。

在宴席上，座位是按辈分大小或资历深浅坐的，何时举筷是长者发话的，长者动手夹了第一道菜，后生才能跟着夹这道菜。

路遇老人，需让老人先行。

兄弟分家，不能够把年迈的父母当包袱甩，要给双亲留好“养老田”。父母若随大儿子住，这田由大儿子负责耕；若跟小儿子住，小儿子就把田耕好。做父母的，活路做得一分是一分，哪一天做不动了，儿女不能嫌弃，更不能让老人受饿受冻。

喜庆的日子

还有的地方，仡佬族新郎娶新媳妇，要送给岳父母“养身布”。新娘嫁入夫家，就着手养“祭父母牛”。到某天，父母离世，这头牛就成为祭品，送回娘家……

仡佬族人的善良本色在葬礼上也有令人动容的体现。在仪式上，有一段

悠闲的日子

动人心弦的古歌是巫师唱的：

“父母对儿女们说／你们要孝敬父母／对父母／不要骂／不要吼／父母有病／要找药送吃／要在堂屋神前／烧香化纸求祖先保佑／求老祖公老祖太／在天保佑／保佑父母病好／病好了抚养你们／你们要报父母养育恩／父母想吃哪样／你们要做给吃／父母无穿的／你们要制给穿／你们虽然穷／也要奉养父母／让父母活一百年／父母去世了／要请纳汗来／按我们的习惯办／安葬时／还要择日看地／父母在天上会护佑你们／父母在世时／做儿女的／对父母态度要好／父母不对的地方／不能生气／要笑着解说／要孝敬父母／出门做事情／要让父母知道／照顾父母要尽心尽力／你们能看到父母笑容／能听到父母声音／有好的布／先缝给父母穿／有好吃的／先给父母吃／父母去世／是件大事／要按父母生前嘱咐的去做／今天听到老人的话／是没有机会了／要看到老人的面／也不能见到了／你们对老人／已是费尽心力／你们都是好儿女。”

天地都安静，仿佛也在听着这催人泪下的古歌。

在现场，无论是为人父母的，还是做人儿女的，听了，无不由衷地悲伤。男人

水井

哀哀地啜泣，女人撕心地号啕，从此刻起，生死两茫茫，哭也看不见，笑也听不见，亏欠也不能补……失去了才懂得珍贵。此情此景，“死”为“生”上了一堂最生动最质朴的课。

如同一场润物无声的春雨，这样的教育是潜移默化的。人学会了在事实中思考。谁没有年轻过？但是活着活着也会老，也会病，也会死。那些约定一辈辈地守下来了，人就能够活在尊严与温暖中，这也是幸福。

古歌也好，古规也罢，它们从成为仡佬族约定的那一天起，就以它们特有的价值存在着。你会感觉得到，如果让善良如水，从古流到今，又在今日的传承中流淌到未来，那善，应该距离“上善”不远。

民间猜猜看

仡佬族的先祖“濮人”，也称“卜人”。

史书记载，早在殷商时代，“卜人”就活跃在华夏大地的西南、中南辽阔地域，是一个庞大的族群。“卜人”生生不息的那个时代，战事风起云涌，世事扑朔迷离，人们期待能够准确判断未来。出猎、征战、风雨、年成、祭祀、婚丧、疾灾、祸福……每一件与生存息息相关的事情，人们都想预先知道吉凶。于是，占卜者应运而生，并产生专管此事的官职。卜巫，一般由呼风唤雨的氏族部落首领，或者首领的亲族，

山神之位

或者智者、长者担任。史称，夏代开国君主夏启、夏王太康之弟曾担当此职，到周代，周文王之子滕叔绣也曾任此职。

那么，“卜人”的后裔仡佬族人，是否与占卜的“卜人”有直接的关系？到今天，已经难以考证了。

但是，有一个不可否认的现象，那就是隔着几千年的距离，在世界上许多角落（包括仡佬族人世代居住的山旮旯）都被科学理念严严实实包裹的今天，仡佬族人，依然为占卜——这颇有意思的“民间猜猜看”留了一道缝隙。

仡佬族长者

仡佬族人占卜的习俗古已有之。以前，在有仡佬族人生活的一些地方，占卜形式有卦卜、芽卜、动物卜、树根卜、粑卜、鸡卜、蛋卜、衣食卜等。

卦卜　削制一指宽长的竹块两片为卦。平时放在被称为祖筒的一节竹筒中。出猎时，猎手取卦掷地，竹片一俯一仰称为顺卦，双仰为阳卦，双俯为阴卦。若得顺卦，预示出猎平安能获取猎物，可以放心上山狩猎；如果是阳卦和阴卦，预示不利，则放弃这次出猎行动。

芽卜　除夕之夜，家长取龙猫竹一根，每节破一小孔，将稻谷、玉米、大豆、四季豆、南瓜的种子少许分别放入各节小孔中，每节筒内灌水。正月十五剖竹观察，膨胀得好的种子，预示当年能长得好，宜多栽；膨胀不好的种子，意味着收成不尽如人意，应少种或不种。

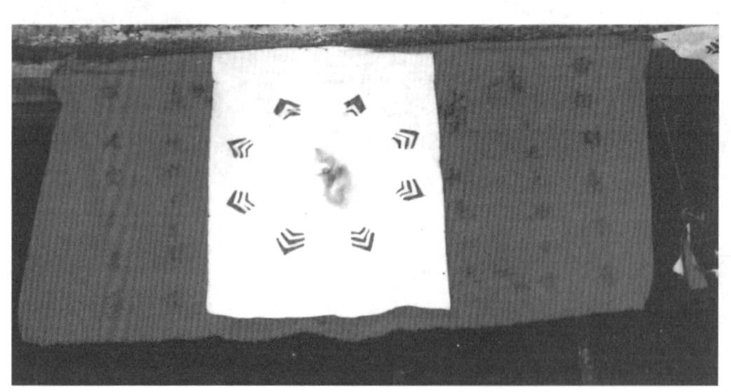
民居大门口上的招财之神护佑的条幅及符号

动物卜　仡佬人认为狗在旧年之末先吃什么，来年那种东西的价格就会贵。除夕夜，取各种食物放盆内喂狗，先吃猪肉明年就多养猪；先吃米饭明年就多种稻谷。黎明前静听屋外什么动物先叫以定来年吉凶。喜鹊先叫为吉，麻雀先叫粮食将丰收，乌鸦先叫将有灾祸，野兽先叫预示不利。

树根卜　除夕将干树疙瘩（树根）放到火坑内燃烧，使其通宵不灭。然后取一树根埋入火坑炭灰内，于正月十五扒开灰观察，视树根被燃烧程度以测全年吉凶：燃为灰烬，为吉为福；未燃透则有凶有祸。

粑卜　除夕用糯米粑祭祖时，有的用 4 ~ 5 公斤糯米做一个大粑为粑王，另取 12 个小粑分为四叠放于粑王上，供至正月十五送祖后，从神龛上取下，以粑上的颜色变化来推测新年的气候。一个粑代表一月，一叠粑代表一季度。粑上长出红点，预示干旱，若长蓝点将出现水涝。

鸡卜　男女双方定亲时，女方父母宰雌雄鸡各一只烹熟，宴请前来定亲的媒人和男子的父亲一道进食。席间取雄鸡左腿骨及雌鸡右腿骨，看腿骨斑点数以判断吉凶。

独特的求神方式——木头杆上挂红绸布求神

山寨晒谷坪

此外，与丧葬事宜有关的还有蛋卜，用以选择墓地；衣食卜，用来预示孝子是否兴旺发达等。

有一种说法是，占卜的初衷本是预测未发生之事，但结果却往往是一种心理测试。事实上，人们对占卜灵验与否好像已不太关心，更关心的倒是愿望的表达。占卜也从另一个侧面表达了仡家人对风调雨顺年景的渴望，对美好生活的追求。有疑未决，有惑未解，不妨猜猜看，果然与否，别太当真就是。

说起来，占卜也并非离我们十万八千里。生活中，难免遇到无法抉择的两难之境，怎么办？德国的占卜之中，有一种算法是：手握一整朵花，一边一片一片地摘下花瓣，一边口中念着“爱、不爱”，直至摘到最后一瓣花，念到爱，占卜结果就是爱，念到不爱，结果就是不爱。中国人更简单，将一枚硬币置于掌心，闭上眼睛，静默几秒后举手抛币，硬币落下，聚散离合，正面一个结果，反面一个结果。也算是占卜。

或者可以说，仡佬族人的占卜，应该算是一项“瞻前顾后”的娱乐活动。

摩崖上的秘密

打铁寨是仡佬族的一个聚居点。寨子四周，在巍峨群山的三处崖壁上，分布着三组摩崖石刻。那是一些清晰的刻纹，如字，又如画，似乎想要告诉你岁月深处隐藏着的秘密。可惜，无人能懂，至今仍是猜不透的谜。

打铁寨人韦绍明说，当他还是一个七八岁的孩童时，不知是偶然还是必然，他在岩石间发现了那些符号。事实上，那些符号刻画在那里，目的也是让人来发现的吧。那时候，他还小，他不懂得的人、事、物、理，自然就跟大人说，问大人要一个答案。然而，大人也不能给他答案。转眼间，曾经的少年如今已是60多岁的老人，见到这些符号已经50多年了，依然不懂得答案。

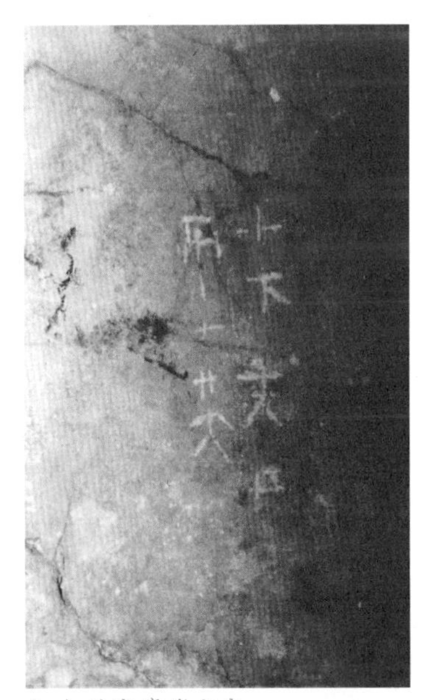

打铁寨摩崖文字

摩崖上的石刻，共三组。

第一、第二组在打铁寨当门崖脚。

第一组在2米高的崖壁上，刻纹有16个独立单位，形状大都属同一类型。两竖居中，旁加短横或斜笔。全组面积竖向约45厘米，横向约47厘米。

第二组距第一组1米左右，在其右上方，刻纹单位有几个。比第一组的纹体还小，但类型却不同于第一组。有些颇似方块字，占据40平方厘米左右的一块岩面。

第三组与第一、第二组之间，隔着 1000 米的距离，在打铁寨侧面的杭刀山顶，南向，刻纹单位比第一、第二组大得多，但纹路相对细些，浅些。有 8 个单位，刻纹与第一组相似。

崖壁上的刻纹，包含着怎样的秘密呢？

谁能够读懂那些秘密呢？

对于未解之谜，所有的解读，都带着猜测成分。

第一种猜测，认为它与彝文有关。过去，倈仡佬族人与彝族人有过相争，解决争端的办法，是立碑划界。这些符号分别在相距 1000 米的地方出现，且类型十分相似，其内容上的联系性很可能跟分界标志有关。著者曾将这些符号与西降古彝文字对照，也曾经请古彝文造诣很深的彝族学者黄国政先生查阅，结果与彝文相吻合的极少。特别是第一组、第二组的那种类型，几乎没有一个与彝文完全相同。只是找到一些变位相似者。据此得出的推测：这些神秘刻纹，可能是倈人参照彝文和汉文创造的另一种文字，就像旧时壮、苗等民族的知识分子仿汉文创造的本民族方块字那样，通过借、拆、并、改等方式而造成。

打铁寨全景

第二种猜测，认为它与仡佬族的占卜习俗有关。1987 年初，广西民族学院（今广西民族大学）民族研究所的邓文通同志，就第一、第二组那种类型图纹，指出可能是鸡卜记录。中间两竖可能代表鸡腿骨，而两旁的短横或斜线，则是代表穿骨眼的小木棍一类。这种猜想与俫仡佬族人的鸡卜习俗相接近。若真如此，这些刻纹的主要内容就是记录卜问结果的。然而即便如此，就算那些刻纹真是卦象图谱，也还有一些刻纹并非两竖和一些短线构成，用卦象解释也存在着以偏概全之嫌。那些不似卦象者，往往与彝文或汉字有某些相似，它们仍然可能是某种文字。

村头大树

除上述猜测外，仡佬族干部郭秀明还推测为仡佬文字。理由是打铁寨名本身就有打铁仡佬的色彩。

打铁寨摩崖的刻纹，究竟包含着什么秘密呢？收录过此三组石刻的《族际识俫》发表至今又过了将近20年了。

一切仍需假以时日。

而因为一切仍需假以时日，而历史文化总是唯一的留存，所以，那些摩崖刻纹，弥足珍贵。

此外，与长期无法识读的摩崖文字一样令人着迷的南亚语族群俫仡佬，生活在隆林各族自治县深山里。隆林各民族的传统语言既包括汉藏语系四大语族（汉语族的西南官话和白话、壮侗语族的壮话、苗瑶语族的苗话、藏缅语族的彝话）的语言实际，又包括南亚语系或系属未定的语言实际——俫语和另外两种互不相通的仡佬语。在这样的民族文化环境里，俫仡佬被列为“隆林十八怪”的最后一“怪”。

情定铁板桥

俫仡佬的韦姓与陆姓，走得很亲，靠得很近。说起来，彼此间的深情厚谊，不是无缘无故的——

与逃难有关。

与铁板桥上一次生死攸关的抉择有关。

与龙冈坡斗富的教训有关。

群山深处有人家

兵荒马乱的年代，曾经在一起开荒辟草种庄稼的俫仡佬韦姓与陆姓，被迫离开了他们土地肥沃的家园。没有文字作为记载，故乡竟然成了未知的。因为势单力薄，就被人多势众的一方所撵，从家乡到江西，从江西到湖南、广西，从湖南、广西到贵州。不论辗转到哪里，两姓的先祖们都结伴同行，一起生活，一起逃难，一起共渡难关。

那一年，贵州也不能够再停留了。摆在面前的活路，只有再一次离开，再一次逃难。追兵在后，偏偏就在此时此刻，一条水势汹涌的江河横在眼前，挡住了去路，让仓皇的人更仓皇。还好，天无绝人之路，一座连接两岸的桥出现在眼前。桥是铁板桥，简单得不能再简单，几根粗铁链连接此岸与彼岸，上面铺着些木板子。那样的一座桥，走上去会摇晃吧，看着水流会眩晕吧，想想都心慌。然而在危急时刻，铁板桥真如上天派遣的救命恩人等在那里。韦姓人家扶老携幼过了桥。意想不到的是，他们刚刚过桥到岸，铁链子就断了。

为何就断了？一线生机都不给陆家留？

追兵震天响的喊杀声却越来越近了。

难道就这样放弃陆家独自逃走吗？

那一刻，陆家的生死线，就握在韦家的手心上。

韦家没有犹豫，也没有时间犹豫。他们把铁链握在手心，然后猛一用力，将铁链抛到河对岸。陆家人得救了。

经历了铁板桥的生死考验，两家的老人讲，我们韦陆两家同生死，共患难，就像是一家人。不如干脆结成一家算了。于是，焚香，烧纸，祭告祖先：从此以后，韦陆不分，合为一家。

端庄的仡佬族女子

韦陆二姓穿过铁板桥，摆脱了追兵，一起来到广西境内。那时隆林的长发、斗轰、打铁寨一带人烟稀少，大树九抱粗，茅草九人高，到处是豹子、猴子。在这样艰苦的条件下，韦陆二姓还是合力开辟出一个好家园。

生活慢慢地安定下来了。

曾经患难与共的经历，渐渐淡出各自的记忆。

有一天，两个姓氏为各自在家族中的地位起了争议。我觉得自己强你百倍，你觉得你胜我千倍，互不服气。于是双方斗富比势。

彼此议定，合力在长发和打铁寨之间的龙冈坡上铺一条石板路，韦家从打铁寨寨门开始铺筑，陆家则从长发街开始铺筑，看哪家铺筑的路面好些、长些，以此定输赢。赢者，就在族中称大。

为此，双方都拼死拼活要争一口硬气。

两个姓氏都集中全部的人力和物力来参加这一场赌斗。陆家铺得几块石头就埋下一坛银子，韦家也照样数着埋，同时决定铺好这条路的同时还砌一道寨墙。为了压倒对方，赢得最后的胜利，各自都白天连着夜晚干。

两边的路都在一步一步地伸长，合龙的距离在一步一步地缩短。眼见得还有半里路就可以接龙的时候，突然韦家的一个媳妇小产了，抬回寨中，就在刚砌起的石墙边咽了气。不能抬进家，就停在那里。顾不得给死人开路，双方还憋着劲赶工。第二天早晨，双方到了丫口上相遇，仍旧分不出高下。

● 刺绣

兄弟同乐

韦家人回来后，墙边媳妇的尸体不见了。停尸的地方长起一株柿子树，树上两根丫杈，一样的粗，一样的大，在众人眼前慢慢又合拢成一根。大家奇怪得不得了。后来，最德高望重的那个老人出来说话了，他讲，这树，是那媳妇变的，她在告诉我们，韦陆两姓就像这两根丫杈，同根长，分丫了还要合拢来才好。执迷不悟的人，直到此时才醒悟过来：何苦相争！为了赌斗争雄，连活生生的生命都不管不顾呢？！难道不是生命才是最重要的吗？当初，过铁板桥，彼此不是都说好了“从此以后，韦陆不分，合为一家”吗？怎么说忘就忘呢？

于是，两姓和好如初。

纷争是祸，和好是福。世上最宽广最亲密无间的情谊，于滚滚红尘间留下大爱的痕迹。如今，韦陆两姓子孙，虽然没有了家谱，也不记得祖宗的好多历史故事了。但是，铁板桥结拜、龙冈坡斗富的故事仍然被大家传说，两姓仍然相认为亲人。生活在常么的韦陆二姓，在给离开人世的人开路的道场上，依旧按照传统，真挚地喊上一句“韦家是陆家，陆家是韦家”。

第五章

始终是爱

情场·花路·索爱

“场”的解释之一，是指物质存在的一种方式，具有能量、动量和质量，能传递实物间的相互作用。据此解释，情场可以理解为爱情存在的一种方式，爱情有自身存在的能量、动量和质量，能传递男人与女人间的相互作用。

仡佬族青年男女在情场上相逢，被爱情牵引着步入他们心中的花路，求索爱情的路。

永远都不必问：情场在哪？

这样问，被笑的是你。在有缘的路上，在劳动的田野，在吉祥如意的酒席，在商品云集人拥挤的集市……人相遇，心相吸，歌相随，那就是“场”，朴素而浪漫的情场。

仡佬族是善歌的民族，所以，情场总是人在歌在。

仡佬族互助换工的习惯已经沿袭多年。烧荒，锄草，割麦，你忙我帮你，我忙你帮我，人一多，再重再累的活儿也不怕，

采茶忙

不知不觉间，劳累就减轻了许多。劳作的间隙，就分组唱起了诸如砍荒歌、放羊歌、打闹歌之类的劳动歌。于是，笑声歌声装满山窝窝，田野成了激情暗涌的情场。

那传出的歌声不会无声无息从此消失。在一起唱和的年轻人，歌起歌落间，彼此留下了明眸皓齿的印象。唱着唱着，一个去亲戚家帮工的帅气小伙子发现了一个特别能吸引他的声音，那声音的背后，有一双山泉水一样清亮的眼睛。应该是心有灵犀吧，姑娘也发现了小伙子的帅气与英俊，突然不自然起来。虽然，未来像谜一样难猜，可在内心深处，她能够清晰地预感到，在这个杂花遍地的日子，自己是走到那条香气袭人的花路的起点上了。

情深意浓

离别之后，人不在眼前，歌还在耳畔缠绵不去。那情歌把人迷着，让你才分离就思念。

过了几天，小伙子忍不住再次踏上了去亲戚家的蜿蜒小路。才出家门，就看见蝶双飞。“好兆头。”他心里乐了一乐。不久，一个身轻如燕的仡家妹子进入了他的视线，然后是那双山泉水一样清亮的眼睛。怎么这么巧，难道这就是缘分？是吧，不然心跳何以这样快。他想：这回无论如何都不能错过表白的机会了。于是他脱口唱道：“出门见得映山红／花多叶多开得浓／哥想伸手摘一朵／不知妹心同不同。”

姑娘好比人见人爱一朵花。过去，她也曾经遇到这样开口唱歌的人，因为没有确定的答案，那时候，她唱道：“新打剪刀五寸长／一面阴来一面阳／你哥莫学剪刀样／剪刀有口无心肠。”而这一次，她是满心喜欢，不想失去。于是，她忘记了羞涩，爱情让她在此刻变得勇敢了。“妹家住在九龙坡／路又弯来刺又多／手提一把金镰

山歌传情

刀／割条情路等情哥。”

爱情是上天的安排，但是，良机需要人来创造。

仡佬族青年人相约去赶集，常常是男一帮女一帮的，买和卖都是次要的，集市嘈杂的市声和拥挤的人流中，青年人左顾右盼的眼神有着几分猎人的敏锐。他们的目的只有一个，在人海中，找到可心的伴侣。

如果锁定了目标，集市散了之后，就有好戏了。

在集市附近的山坡上，依然是以歌传情。

在场的，都是年轻人，没有拘束，一开腔，就往情路上靠。好像也没过多久，歌儿对着对着天就黑了。投歌问路，两厢情愿的，趁着夜色朦胧，神不知鬼不觉地把众人撇到身后，隐到了一丛灌木后的草地上。他们甚至在奔走中，无意间碰到了对方的手，有一点未曾经历过的惊慌，因为，他们在凉凉夜色中触到了异性暖暖的体温。

暗香袭人。这个被爱情弄得晕头转向的青年男子，正不知道怎么办，地上的花香和天上的月亮出来解救了他。

于是，他唱道：“散场月亮正出头／沉沉月亮钻云沟／一路来到为阿妹／这条花路不能丢。”深情的歌声，染上了莫名其妙的忧郁。

姑娘听了，幸福得心痛，她唱：“月儿弯弯挂树枝／星星伴月不离时／星星月亮同起落／一日不见两相思。”

这个夜晚的月光，见证了人间又一份纯洁美丽的爱情。

民间的爱情

如今，仡佬族人的婚礼习俗可分为两种形式：一种是传统乡村派，另一种是现代城镇派。现代城镇派的婚礼渐渐地模糊了地域与民族的界限，洋味浓些，土味淡些。相对而言，传统乡村派有着更多的民间与民族色彩。

仡佬族传统婚礼，在摒弃了一些旧社会不合理的习惯后，将传统的仡佬族婚姻的吃糖、吃耳朵、吃毛香、要书、吃酒、骂亲几个环节保留并发展下来。

吃糖就是提亲。男家发现某家姑娘与自己的儿子般配时，便请来寨中有威信的双亲健在的妇女做媒婆，带着糖、糯米饭或者糯米粑到姑娘家去提亲。姑娘的父母，当然会征求女儿的意见，毕竟事关女儿一辈子的幸福。为了慎重起见，父母不会轻易点头，也不会轻易摇头。如果他们接受了男方送来提亲的礼物，会委婉地说“我们家女儿笨，不会待客，不懂做针线

憧憬爱情

活，更不会做家务”，或者说“我们家境贫寒，怕门不当户不对”，言下之意，是父母默认了这门婚事。如果不同意，则拒绝吃糖拒收任何礼物，并说“女儿年纪还小，她什么都不懂，过几年后才说”，或者说“双方条件相差太大，怕他们日后得不到幸福美满”等。做媒婆的，总会细听女方父母每一句话中的含意，只要有一线希望，就不轻易放弃。

提亲是关键的一步。这一步顺利，下面的环节就是水到渠成的事情了。

接下来就吃耳朵了，也就是订婚。吃上耳朵酒后，姑娘就算是属于男家的人了。别的男青年即使看上她也不能再去提亲，甚至连姑娘过去的情人也必须停止交往，

隆林各族自治县常么乡石板寨一景

表示专一。

订婚之后，不久就吃毛香了。吃毛香也称吃小酒。媒婆是穿针引线的，这次，她带领一干人马，把男方家备好的一头百把斤重的肉猪，30 ~ 40公斤酒，20 ~ 30公斤糯米饭挑到女家。女家便邀请自家亲戚来吃毛香，商定择吉日取“八字”。

下一步，就是要书了，也就是取“八字”。这次，是媒婆捎带男家准备的公鸡与酒到女家。结婚的具体日期就定下来了，彩礼、衣物、首饰、酒肉等事宜也在商议之中。在仡佬族民间，身价钱主要给娘家购买陪嫁礼物，男方给得多，嫁妆就多。男方给得少，陪嫁礼物就少。但富裕人家则不同，不管男家给多少身价钱，都要送很多的彩礼，以示娘家富裕。过去陪嫁礼物有棉被、蚊帐、衣服、头巾、银饰等，如今多为冰箱、彩电、单车、摩托车、沙发等现代化家具。

姑娘的“八字”被男家取去后，就一心一意忙着准备嫁妆了，她成了待嫁的新娘。姐妹们相处的时光一天比一天少了，怀着依依不舍的心情，把可以彼此陪伴的时间，用来赶着缝衣、刺绣、纳鞋底等。衣服至少三四套，布鞋 8 ~ 10 双，除自己的和送给丈夫外，还要给家公、家婆各一双。如果时间太紧来不及，至少给公婆每人送一条毛巾。总之，过门后给公婆打第一盆水洗脸洗脚时，要有一条毛巾或一双布鞋才行。

终于，举行婚礼的日子眨眼间就来到眼前。

当接亲的队伍来到女方的村头时，新娘以伤心流泪的姿态哭迎接亲客人。从此以后，离开了父母，离开了兄弟，离开了姐妹，离开了曾经自由自在、

 迎亲

无忧无虑的家。另一个家在等她，而她并没有把握。不管有多艰难，以前有父母遮风挡雨。以后，自己也要成为遮风挡雨的人了。伤心或者担忧，此时此刻就是这样涌上了心头。媒婆进女家，就遭到女方的长辈、兄弟、姐妹和亲戚一顿劈头盖脸的大声“痛骂”。这个说：“我家的人是人，不能用猪来换。”那个说：“谁稀罕你这两块肉，把它丢门外去喂狗。”有的又说：“钱买不了我家的人，不许你们把我家姑娘当鸡鸭买卖……”骂得最凶的，当然是新娘母亲了。女儿是娘的心头肉，这骂，一来是真的不舍，二来是为了吉利，三来是为提高新娘的人格和身价。媒婆听着骂，低着头，装聋作哑，任凭这个今日嫁女的女人骂个够。因为，这样的心情，谁都懂。

媒人顺水推舟，讲“接个亲好难”，然后话锋一转，一边说恭贺话，一边对结婚物品一一作交代。接亲人则代新郎呈上“养身布”，敬谢养育之恩。

接亲人到后，女家办的嫁女宴即开始了。

做女儿的，从前听人唱起哭嫁歌，总不以为然。可是今天，一想到从此以后嫁做人妻，为人儿媳，将来还成人母亲，又想到生身父母为自己操碎了心，恩深似海，自己过去不懂事，懂事了却难以回报了，几番回忆，早已忍不住泪眼婆娑。

世界上的女儿，最终都成了父母失去的宝贝。也因此，世界上有了哭嫁歌。

尽管如此，做父母的，依然希望女儿快快乐乐去夫家。宴席上，宾朋满座。早在几年前就酿好窖在地下的“女儿红”抬出来了。亲人们唱起了打闹歌，跳起了喜庆的舞蹈，喜庆的气氛盖过了嫁女的伤感。对于父母亲人而言，此时的欢乐，一是安慰，二是祝贺，三是祝福。

这一夜，接亲人在女家住宿。

做新娘的，总希望这一夜再长些，偏偏鸡已经啼第三遍，天色才蒙蒙亮，接亲的两个姑娘就来为她打扮了。

收拾妥当，这个即将离开故乡的花季女子，从镜子中窥见自己山花一样清新自然的容颜，那神情，既有对未来生活的向往，又掺杂着离开父母兄弟的哀伤。

“女子将嫁，必折其二齿，恐妨害夫家也。”这是过去仡佬族女人世代传承的一种从遥远的濮人时代就风行的习俗，不少史志有类似的记载。好在这种打掉出嫁女1 ~ 2颗门牙的习俗，在新中国成立后就已经消失了。

好酒敬客人

欢庆

“夫家”，多么陌生的词语。谁知道以后的日子会怎样？就在刚才，一把来自男方的门锁以及开锁的钥匙递到了她手上。当手心握着钥匙的那一瞬间，她似乎与命运握了一下手。

“但愿，老天保佑，祖宗保佑。”她在心里暗自祈祷了一下。

现在，新娘子一身上下都是新的了。身上穿着头天接亲人送来的衣裙，她的婚服上衣是绯红色的，也有喜欢蓝色、青色、绿色的，下服则为端重的黑色。她如瀑的长发今天束了起来，编成发髻，有网纱笼罩着，风吹不乱。发髻之上，一块绣花的包帕妥帖地遮盖着。她光洁的额上佩戴着布勒子，上边同样绣着艳色花草，三两串由陶制品、海贝和珠子串起的飘带，动感十足地悬缀在前额上。此外，她身上还恰到好处地点缀着小耳环，纤手上戴着银亮亮的手镯。那些精致的装饰品，将新娘衬托得妩媚动人，今天，谁能跟她比美呢？这身打扮甚有意思，深居简出的山地民族何以念念不忘在头饰上缀挂海贝？有人依据海贝的装饰，推断仡佬族先民最初可能居于海边。

用过了早饭，出发就在眼前。自家兄弟进房里来了，此时此刻，纵有千言万语，也是一切尽在不言中。他将他亲爱的姐姐或者妹妹无比珍爱地背到了背上，从卧室进入厅堂。

这时候，有个“离娘”仪式。堂屋里，香烛、灯盏与人影，都在渲染着依依惜别的离情别绪。一张席子铺在堂前，父母端坐堂前，女儿跪在脚跟前。他们一声声地喊着：“离娘，离娘。”直喊得人心儿颤颤，泪水涟涟。做女儿的眼泪汪汪，一边呼爹唤娘，一边双手把封包呈给亲娘。她只觉得，双脚真如灌了铅一般沉重，接亲人扶着她，拜别祖宗，拜别父母。

为了让新娘高高兴兴去夫家做个好媳妇，接下来，送亲的年轻姑娘们手持麻布围巾在堂屋里跳起了跳脚舞。舞者多为双数，窈窕淑女，拉手成圈，左一圈，右一圈，激情演绎着生命的移动。

新娘，是盛开的花，会动的花，嫁人的花，从娘家移到夫家，从故乡移到他乡。现在，姑娘们是绕着堂屋跳了，她们且舞且唱，唱词里也是叮咛：“你脚跨人家门槛，这个水是你担；你脚跨人家的伙房，地下由你扫得干净。”

宾朋满座

为你打扮

之后，姑娘们舞到了大门口。就这样，新娘被顺理成章地送出了家门口，送上了出嫁的路途。

她的父母，黯然神伤地坐在房里，不再送别。送她的，是弟、妹、哥、嫂、舅、舅妈等亲人。一个接亲人撑着红伞，为她遮风挡雨，辟邪。

从此离娘去，千山万水自己走。

终于，她来到了男家。在距离家门不远的一块小平地上，摆放着一张方桌，有的地方桌上放升、斗、尺、秤、镜；有的地方桌上放筛，筛里置一碗米。无论放什么，都是与居家过日子密切相关的物品，可谓寓意丰富。在此，有一个“回车马”仪式举行。

主持仪式的长者提着一只公鸡，对新娘念“回车马词”。“回车马词”并不是千篇一律的，有念“日吉时良／天地有长／吾回车马／总吉祥／女家香火／请回故乡／男家香火，请进龛堂……”也有念“在娘家千年富贵／到婆家富贵千年／天杀地杀打转去／年杀月杀打四成／日杀时杀打转去／天地无忌／张(姜)太公到此，请神回避，大吉大利”。两段词，都有规劝跟随新娘来到夫家门口的善神或者恶煞转身离开之意，好让新娘从此安心落夫家。

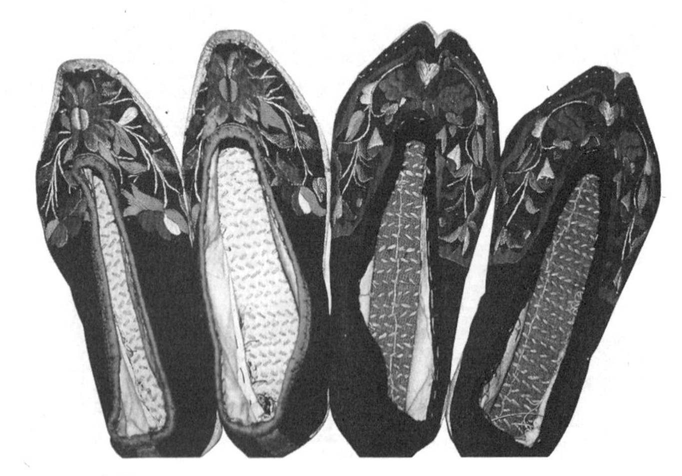

绣花鞋

仪式后，新娘进

到门内，在众人殷切的目光中，她将媒人交给她的门锁和钥匙挂到了大门上。夫家人见了，放心地笑了。倘若新娘不挂，事情就不好说了，因为那将意味着她心意未定。

极具特色的结婚门帘

紧跟新娘跨过男家门槛的送亲客，也有一个“打湿亲”仪式，一则表示打掉新娘犟脾气和邪念，二则表示开亲开亲，不打不亲。送亲客心里有准备，一边夸张地喊着“高抬贵手”，“已经是湿亲了，不要泼水了”，一边迅速跨过大门。

然后是拜堂。一拜天长地久，二拜父母养育，三拜夫妻恩爱，四拜儿孙满堂。

拜堂之后，就进入了婚礼最热闹的阶段——新郎家宴请宾朋的正酒期。几个善于交际的男子出来负责招待客人。他们笑容可掬，热情谦逊，在彬彬有礼地称呼客人之后，言辞文雅地说道：“一路辛苦了，请来喝点淡酒，天宽地窄，别嫌简陋，多玩几天，我们全家高兴。”客人一听就高兴，一高兴就喝酒。主人一方，好听的敬酒歌一首接一首地唱不停；客人一方，趁着酒兴，贺喜的酒歌也一首接一首地回唱。不醉不罢休，皆大欢喜。

在民间，爱情的仪式就是这样的烦琐，烦琐但却美好，值得回味。

与君“破钱为誓”

仡佬族老年男子

俫仡佬人对待爱情与婚姻的方式，让人不由自主地想起了《诗经》中的名句：“生死契阔，与子成说。执子之手，与子偕老。”

爱情，不一定要感天动地，动人心扉就行。比如俫仡佬人的爱情，以细节取胜。

那些初次相识的青年男女，彼此心中都有一些好感，只是不知道，两个人在一起是不是情投意合，是不是心心相印。这时候，单刀直入地问显得唐突，效果也好不到哪里去。

问路需投石。那么，问“爱”呢，问“爱”应该投什么？

俫仡佬青年人选择投“歌”问“爱”。他们还颇有创意地把对歌的舞台搬到了田水放干的稻田里。

想必，最初的时候，青年人是在田里劳动的，插秧或者耕田，为了减轻劳动的单调与疲惫，男人和女人就分开两个团队比赛对歌。从劳动歌唱起，不久觉得不过瘾了，就接连不断地唱情歌。那些情歌，原本就像是泡在水缸里的糍粑，取出来了，放火边一烘一烤，就鼓起来，胀起来，柔起来，直叫人垂涎欲滴。唱情歌的人，柔情似水，热情如火，唱着唱着就把眼神和内心唱得一片灼热。如此一来，人群中，被爱神之箭射中的一对对青年男女就暗送秋波了。再后来，他们就结为人人羡慕的恩爱夫妻了。

发展到后来，人们就用这样一种方式来寻觅心上人。

仡佬族女子

绿浪翻滚的田野，是一个适合恋爱的场合。盛装的俊男靓女，在一个约定俗成的日子里，站在水田里对歌，寻爱。也许，是为了制造打闹和彼此亲密接触的机会，有时候，就故意把稻田里的水放干了，人就站在秧苗间的泥泞中。泥泞粘脚，稻田中的窈窕淑女们就站不太稳，如杨柳风吹，花枝乱颤。乘此良机，小伙子们将计就计，唱着歌靠近他心目中的美人。这时候，心绪是说不清道不明的模糊，有意无意间，他们的手指或者身体就触碰着了，电流一样的颤抖划过心尖，呵呵，这就是爱的感觉吧。啊，心都跳出来了。

再没有什么比爱情的突如其来更美的了。

过不了多久，相爱的人莫名其妙地患得患失起来，害怕离别，担心失去，为未来的日子里两个人能不能长相厮守而忧虑重重。

于是，俫仡佬人选择“破钱为誓”，来表白“死也同跟”的海誓山盟。一枚闪着光亮的铜钱摆在了彼此眼前。他取刀斧，她凝眸注视，看他对准铜钱一斩为二。现在，那枚铜钱分成了两半，他手中握着一半，她手中握着另一半。他们各自珍藏。以后，聚首的日子，只要双双把手伸到一起，那铜钱就合二为一。分离的日子，人如铜钱，铜钱如人，总是一半思念另一半。而今天，就以这样的方式作了一生一世

的约定，相约“执子之手，与子偕老”。为此，要杀鸡，饮酒，让天作证，地作证，半枚铜钱作证。

这就是爱情吧。前生，我们彼此就是一个整体，如一枚铜钱；今生，原本分离的你我又走到了一起，成为一个整体；来生，我们还要以铜钱为凭据，互相找到，因为只有你那一半才与我相契合。

“破钱为誓”之后，恋情就定下来了。此后，依然还要履行族内的约定，一步一步履行提亲、吃酒、吃毛香等传统的婚俗程序。

俫仡佬人“破钱为誓”的婚姻一般比较牢固。

但是，如果当初信誓旦旦，到头来却出尔反尔，各奔东西，这时候，就得面对族内的一套严格规定：若离异是男方提出的，那么，女方可带走一切嫁妆，如有损坏，男方照价赔偿，或者买新的补给女方。一些地方还规定赔偿女方“挂红”费，子女只有在女方不愿要的情况下才归男方。女方自愿提出离婚的，女方就两手空空离开，还要双倍退还结婚时男方的花费，子女归男方，若是婴儿，女方要负责养大，养大后再送还男方。

遥望

一针一线总关情

事实上，这些严格的规定都是为了保护婚姻的。因为，婚姻有时如磐石，坚不可摧；有时如花朵，弱不禁风；有时如从商，得经营有道。

倈佐佬的离婚仪式耐人寻味。这个分手的日子，离异双方得举行“杀猪宴”请寨老作证。寨老是个通情达理的人，事到如今说什么都多余，便不多说了。主家准备的小猪已经杀了，他拿利刃，从猪腿中取下一节猪腿骨，一分为二，各自存留。也有穷得杀不起小猪的，就取来一节竹子，一刀破开，亦是一分为二，男人存一半，女人存一半。

你会不会觉得多余，离都离了，还留那断骨破竹何用之有？且慢，作用肯定是有的，哪怕是伤心的回忆也留下，毕竟是前车之鉴，把教训当做经验就是。

当然，还有另一个作用——倘若某天，已经分离了的两个人，在人海中寻寻觅觅磕磕碰碰，最后也没有遇上称心如意的，回过头来，才后悔当初一意孤行，犯了不该犯的错。他（她）成了那个悔不当初的人，就想顺着原路返回。如果，她（他）还没有重新成家，那么，这个后悔的人想“破钱重圆”，那么，他（她）必须“吞”下归其留存的那节猪骨或竹片，表明心迹，才有可能复婚。

领你走向美好

大山深处，一个新的生命从一对仡佬族夫妇如胶似漆的爱情深处走来，成了任何人都没有权利夺走的宝贝。他（她）来到这个世界的年份、季节、月份、日子、时辰，以及那一刻的天气，天晴还是落雨，刮风还是飘雪，洪涝还是干旱……这些关于生命最初的秘密，家人都一一记牢，等以后孩子大了，慢慢说给他（她）细听。这是父母的荣幸，他们制造了生命，成为父母，延续了一个古老民族的血脉。

接生婆捧起这个孩子，拍了拍婴儿的屁股，满屋子都听到一声不管不顾的哭喊。其实他（她）哪有什么理由哭，但是有闹腾的本事，就用这样的方式来发布最新消息吧，宣布自己成为这个仡佬族山寨的新成员。做母亲的，刚刚与死神搏斗过，赢了，疲惫地笑了一下。她认真地端详着从自

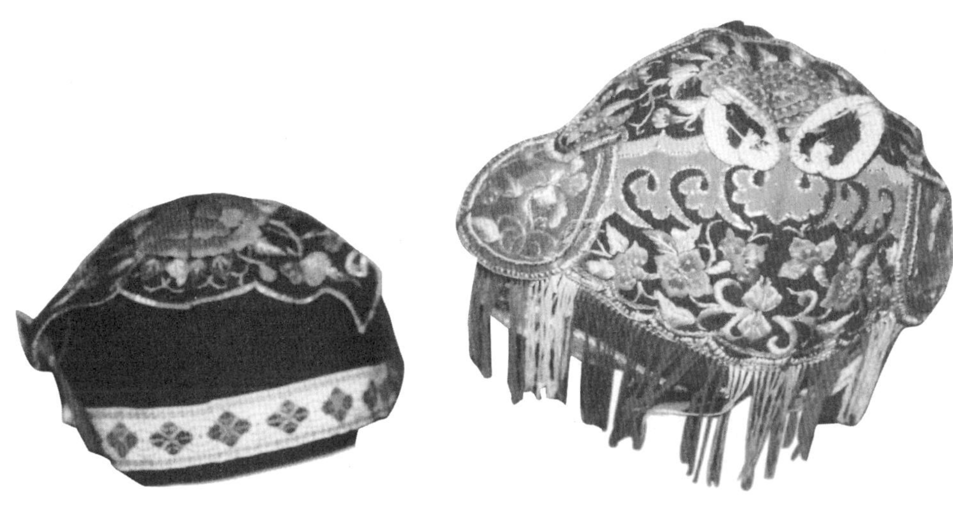

童帽

己身上掉下的宝贝，他（她）的样子和春天的第一个叶芽、第一朵花蕾、第一根竹笋一样，健健康康的，又新，又鲜，又嫩，可爱得直教人爱不释手，终于放心地闭上了眼睛休息。

仡佬族人生活的区域，多是偏远山区，或多或少地受交通条件和医疗条件的限制。所以，能够顺利地把孩子生下来，就已经谢天谢地了。自家的宝贝，未来无论成为什么人，都始终期望孩子会像自己一样，觉得世界可爱比罪恶多，欢乐比悲伤多，得到比失去多。

婴儿出生后，村里人就看见小孩的父亲低着头步履匆匆地出了寨子。遇人，一脸笑意，也不多说什么。做了父亲，表情就藏几分深沉。他那样马不停蹄地奔向外家，是去向孩子的外祖母家报喜。

外祖母听到女儿母子

背带

家家乐

（女）平安的消息，一颗悬着的心终于平安落地。她是过来人，比女婿更明白生产的痛楚与九死一生历险不差毫厘。于是，赶紧带上早已准备好的婴儿衣物及肉、蛋、面、油到女婿家。她的任务，一是看望慰问，二是确定“月米酒”（满月酒）日期。她一进门，问候过亲家爷亲家妈，就去看女儿，看宝贝，一边问女儿奶水够不够，一边疼爱无比地把那包裹得只露头脸的毛孩子搂抱在怀里，喃喃地说：“哦，哦，乖哦乖，我的小外孙哦乖乖……”

在仡佬族传统习俗中，孩子出生后的第一个月，是他生命中要经历的重要考验。这一个月里，家人细心照顾着孩子以及孩子的母亲。这时候，按照习俗，产妇不能跨门槛，不能到井边挑水，也不能够下冷水。总之，要保重。尤其是孩子，做母亲的像待温室里的花朵一样呵护着她心爱的孩子，不能冷着，不能热着，不受风寒，不给日照。终于，满了一个月。新生儿在只认得奶香却认不得亲人的时候，迎来了人生的第一次交际。在满月这天，外祖母家出面，邀请亲友、族人、朋友一起来喝满月酒，庆祝喜添新丁。

据有关书籍记载，在一些地方的仡佬族山寨传统习俗中，直到20世纪还流行男人坐月子的离奇习俗。当然，这并不是说男人生孩子了，而是说男人备受呵护地躺到了床上，替代女人肩负起悉心护理孩子的重任。孩子的妈妈，生下孩子没几天，就肩挑手扛地到田间干活了。这个做了爸爸的大手大脚的大男人，受到了特殊的照顾和护理。而他，也因为一个由他而来的生命而变得温柔体贴。他放低了嗓门，春雨一样柔柔地呢喃；他学会了呼唤，轻声细语地呼唤："啊宝贝，我亲爱的小宝贝！"他的心思变得细腻，听见他（她）哭，就猜测着是因为饥饿还是尿布湿了；他突然有了絮叨的愿望，英雄的故事，美丽的歌谣，幽默的笑话，教人聪明的寓言，只要自己知道，统统都说给孩子听……据说，之所以让父亲陪伴婴儿度过亲密的月子时光，是加强父子血肉联系的需要。

总之，希望孩子健康成长、一生平安，这是天下父母的心愿。

其实，人活在这世上，没有谁能够说得清这一生中，究竟有多少险滩要过，有多少沟坎要跨越，有多少人心要去猜测，有多少迷惑要看透，谁知道呢？仡佬族父母，大约是觉得自身的力量有限，所以，他们一直保留着为孩子找保爷的习俗。从新生命诞生那一刻起，为他找一个"保护人"。他们相信，有保爷在，生命就多了一层爱的保护。这个保护人，是与他（她）有缘的人，不必踏破铁鞋，因为，从出生之日起，第一个进入小孩家的任何成年人，便是他（她）的"保护人"。若是男子，便称呼为"保爷"；若是女子，则称呼为"保娘"。

那一天，成了保爷或保娘的人进门后，主人就抱着孩子向他叩拜，请求他给孩子起个名字。保爷或保娘也不扭捏推辞，脑海中存着一连串吉祥美好的词语，几番斟酌之后，最中意的几个字给挑出来了，做了孩子的名。起了名字，紧跟着送上祝福，期望长命百岁，

笑靥如花

 祖与孙

未来

富贵吉祥，聪慧能干，等等。主人也满意，做了好菜，端出好酒，好好招待保爷或保娘。过几天，保爷保娘将买给孩子的礼物送了来，标志着“保护”关系正式建立了。逢春节，家长带孩子去给保爷保娘磕头拜年。

此后，孩子与保爷或保娘的“干亲”关系就一直保持着。

这样，领着孩子走向美好的，除了亲人，族人，还有保爷或保娘。

等孩子懂得珍惜恩情的时候，他自然也会回报。这时候，保爷或保娘也觉得，这个“保护人”到底当得值得，没白当。

任谁都不能惊醒

也许是受生存条件的限制，仡佬族人上50岁就可以称之为老。上了50岁，就可以称之为长寿了。

仡佬族人对待离世老人，有许多感人的细节。

一个仡佬族男人守在他奄奄一息的母亲床榻前，他扶老人坐起，喂她吃东西。其实，在此刻，她比别人清楚，生命已经比一阵风还软还轻了，对于美味佳肴，就算有吃的欲望，也没有了吃的力气。但是，她看见儿子祈求的眼神了，儿子是孝顺的，他不愿意她“饿肚子上路”。所以，她吃了，然后躺下。

不久，做儿子的看见最后一缕光在老人的双眼中燃烧了一瞬间。于是，老人被儿子抱了起来，她顺畅地咽下最后一口气。能够在生命的尽头，抱一抱亲人，这是仡佬族孝子的情义。

秋之意境

一个老人走了，不与任何一个人说再见。

一切的一切归于平静、安详、寂寞与自由。时光如梭，而她倦了，累了，睡了，任谁都不能惊醒。

趁老人体温尚未完全冷却，儿女们端来一脸盆温热的清水，为她拭眼，擦脸，洗身，穿老衣……

仡佬族的丧葬仪式有送终、报丧、洗礼、设灵、治丧、入殓、吊丧、出山、安葬等多个环节。生与死告别的过程，是依然健康在世的人对生命回归自然的尊重。

与其他民族不一样的地方，是仡佬族人跳踩堂舞，与离开世界的人作生死别。

这是在丧葬仪式中跳的传统舞蹈。《嘉靖图经》记述一些地方的仡佬族："丧葬击鼓而歌。男女围尸跳跃，举哀而散，亦置洞间。"这段文字，在印证仡佬族先民在古代实行崖穴葬的同时，也说明了仡佬族人围在死者旁边跳踩堂舞的习俗，是从很早的年代就开始的事实，不容置疑。

这是一大群人参与的舞蹈。领头的几个人，在队伍的前列领舞，第一个人吹芦笙，其他的，或摇铃铛，或摇师刀，或打钱杆，合奏出节奏分明的舞曲。紧随其后的男人女人，手拉着手跳舞。"四瓣花"、"柳穿鱼"、"梅花阵"，舞者变换着队列的花样。在这样的舞曲里，所有人，舞步是整齐的：提左脚，蹬三下，落地，然后提起右脚，蹬三下，再落地……如此周而复始，一步三蹬，边唱边跳。还有死者的女眷，一人举着火把，一人提着酒壶，一人双手端着放了酒杯的茶盘，她们在一旁，为舞者敬酒。

舞者，不时地发出"呵——嗬，呵——嗬"的呼喊。同时，一边跳，一边用仡佬族语亦唱亦念地叙说死者一生中的经历和恩德。"少年放牛，在山路上成长，识会跑马的路，割草的路。稍长，赶集交易，到商店购物，到市场售物。十七八岁，提亲说事。再长，完结婚姻，在堂屋拜堂。婚后，送亲戚们翻过一个丫口又一个丫口。……"朴素的唱词，在那样的场合，总能够催人泪下。

仡佬族沼气灶

关于踩堂舞的起源，有一个古老的传说。

说起来，那是很遥远很遥远的事情了。三个勇敢无畏的仡佬族兄弟，经常结伴上山打猎。一次，大哥独自一人进山，他追猎物追到了最高之巅，一不小心，从悬崖摔落，不幸身亡。

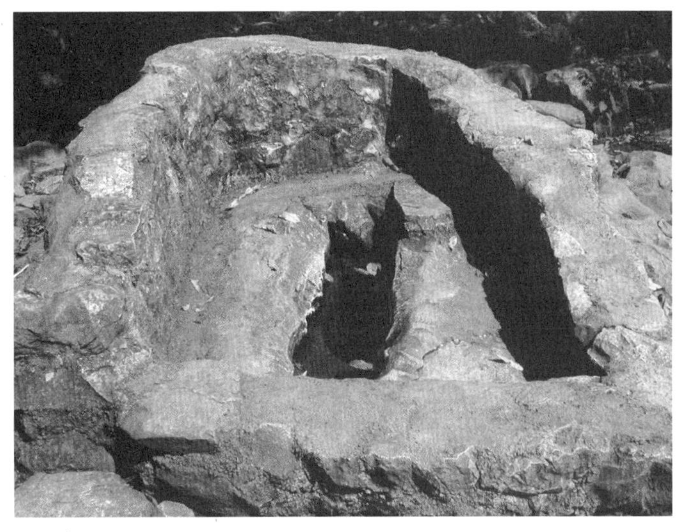

打铁寨泉眼

家人等啊盼啊，日子一天天过去，依然没有大哥的音讯。于是到深山老林中寻找。七七四十九天过后，终于在那瘴气弥漫的深谷中找到大哥尸身。遗骸早已腐烂，面目全非，成群的乌鸦、老鸹争相啄食，不计其数的毒虫蚂蚁也来分食。见此惨不忍睹的情景，亲人们怀着悲痛，挥臂跺脚，踩的踩，赶的赶，撵跑了乌鸦、老鸹、毒虫和蚂蚁。可是，等人踩累了，乌鸦、老鸹、毒虫和蚂蚁又来了。悲愤的二哥取来一根竹竿钻了洞眼，吹出声音轰吓那些蚕食的野物。野物给镇住了，不敢靠近，而竹管的声音，也使得悲凉的心境得到了安慰。大家觉得这办法真好，纷纷效仿二哥的做法，吹的吹，踩的踩，悲痛竟然减轻了许多。

后来，遇老人谢世，仡佬族人便跳这种形式的舞蹈，寄托深深的哀情。先前，舞蹈的场地，是在坟前；改在灵堂跳踩堂舞，是近代的事情。

除了在灵堂前跳踩堂舞，还有一些地方的仡佬族人在生死离别之际，将自己的一两颗牙齿打下来，投入棺材中，做纪念。有关志书也有相关的记载："有打牙仡佬，父母死，子、妇各拔二齿投棺中，以赠永远诀也。"不过，用这种方式表达对父母永生永世纪念的习俗，现在已经消失了。

而濒临灭绝的踩堂舞，还依然有人在跳。有关人士还准备将其作为民族非物质文化遗产，应该说，不失为一种远见。

第六章 美丽的翅膀

织娘渐远

仡佬族妇女

起初，仡佬族先祖过着居无定所的生活。人们时聚时散，或采集，或渔猎，将动物的皮毛、植物的茎叶连缀在一起，多多少少能够遮住身体的敏感部分。

慢慢地，一些来自植物的秘密被聪明的仡佬族人发现了。比如葛麻柔而韧，茅花轻盈而温暖，构树皮细腻而厚实，将这些材料采集起来，细细加工一下，披挂在身上，就比纯粹的草叶经久耐用许多，看上去，比从前顺眼许多，到寒冬腊月，保暖效果也比从前好。

这样，就产生了“织”。最初，是无意之举，后来是有意而为之。在仡佬人家世代生活的山山谷谷，织娘们且耕且织，年复一年。

关于“织”，从遥远的原始农耕时代已经起步了。伴随着弓箭、

缝纫

猎枪的出现，纺轮也出现了。仡佬族先祖在耕种的闲暇时光，上山割葛麻，割桑，采茅花，刮枸树皮，这些取自大自然的植物纤维，最后成了温暖身体的布。

也许是春花烂漫，秋色斑斓，山上山下，如画的风景赐予了仡家织娘最直接最天然的美感。杜鹃花红艳，山茶花端庄，栀子花洁白，野菊花灿烂……有名没名的花花草草，多如繁星，灿若云霞。爱美的织娘心生一念，何不把花草的颜色、云霞的光彩融入衣裳？织娘想着想着就去尝试了。

织娘对色彩有独到的理解，突出一个“鲜”字，强调一个“净”字。这一点，《北史·僚传》中有记载：“僚……能为细布，色至鲜净。”织娘在织染上费了不少工夫。

蜿蜒石径上，走来几个背着背篓的女子，她们渐行渐近，原来，背的是马桑叶，用来制作青色染料。与此同时，一个用来熬色的坑已经在河边挖好并且用石灰糊好了。当然，坑是不能渗漏的。那些采摘回来的树叶，放到锅里煮熟后，就倒入坑中，密封，两星期后，马桑叶变成了纯粹的青色。染布的人，把织好的布浸入水中，过一两天，把布取出，去河边一洗，杂质被流水带走，清水间，就剩下一块干干净净的青布。

织娘们懂得，流在植物身体里的汁液各不相同，一种植物能够制造一种色彩。比如，马桑叶带来深沉的青色，砦角树枝带来春意盎然的绿色，生姜带来质朴素雅的蓝色，黄杨树的根茎带来高贵的黄色，小白藤带来喜庆的红色……织娘们也清楚地知道，没有光，一切都沉沦为黑与暗。色，最终要靠光来映照。所以，才有了同

头巾

样是来自大山的毛焦药，能够为着色之后的布料锦上添花，带来光泽。

仡佬族织娘对布质要求甚高，求细、求美、求精、求软、求密，总之，好了还要求更好。久而久之，从爱美的织娘手中织出的“娘子布”、“圈布”便名声在外了。

后来，织娘们又掌握了养蚕缫丝的本领。惯常抚麻织布的双手，在柔软蚕丝间找到了灵感。于是，世界上又添了一种无可挑剔的好布——铁笛布。清嘉庆张澍在《续黔书》中记载：“铁笛布，其纤美似蜀之黄润，其精致似吴之白越，其柔软似波戈之香茎，其缜密似金齿之缥叠。”据载，仡佬族妇女织出的铁笛布因其纤美、精致、

门帘

精美的裙子

柔软与缜密，因此而成为贡布。

再后来，织娘们的织布机上，又多了新花样，混纺技术让麻、棉与丝携手走到了一起。原本麻是麻，棉是棉，丝是丝，现在，它们按照织娘们的心愿融合在一起了。仡家织娘手下的五色绸布，世人一用难忘。《五溪苗族古今生活集》记载：“五色绸布，今惟所谓仡佬族妇女中，尚有织之为被面者……系用丝、麻、棉三物参织成者。质甚厚，故很耐用，每一被面，可用数十百年之久。”

那些厚实耐用的僚布，历经上千年的光阴，一直到20世纪50年代，一些地区的仡佬族织娘仍然还在织着她们祖祖辈辈织个不停的僚布，“斗纹”如星辰闪烁，“斜纹”如春风拂柳，“桂花纹”如花绽放，“条纹”如波浪荡漾……僚布上的花，一直都大大方方地朴素着。

可惜，随着机织的普及，仡家织娘们渐渐收手，难得见到她们在织布机前忙碌了。

劳作归来

衣衣难舍风情

世间的万种风情，不仅仅依赖眉目传情，同时，服饰语言更是必不可少。人靠衣装马靠鞍，这道理，不论男人还是女人，都懂。

● 仡佬族青年男子

在唐朝前，仡佬族男人穿长袍，右边开襟分领，右肩是双布扣，整件衣服7～9颗扣子。颜色或蓝，或黑。唐以后，与汉族男服相同，仍是唐装，比汉服稍短，前胸是对襟的，一般7～9颗扣子，袖子与衣服齐长。这种衣服样式在贵州六枝一带被称为“大衣大袖装”。有钱人家的青年人，在腰间系一条长带，头包黑头巾或者金丝帕，脚着元宝鞋或钩类布鞋，看上去，颇有一番民族特色。如今，仡佬族男人穿衣习惯越来越多地融入汉民族的各种流行风，不过，传统礼仪习俗所穿的服装，依然年复一年地沿袭着。比如男青年在结婚拜堂时，会自觉遵循习俗穿长衫，并且特意向七八十岁高龄的老人借。当他穿着“老人寿服”与新娘拜堂成亲的时候，那充满内心又情不自禁在眉目间荡漾的，就全是婚姻的圆满幸福、爱情的天长地久和生命健康平安的愿望了。

女人与男人不一样。女人穿衣，除了自身爱美，另一个目的是穿给男人欣赏。所以，仡佬族女人的服饰自然比男人繁杂许多，精彩许多。

唐朝时流行的筒裙，也称通裙、统裙、桶裙，是仡佬族人身上一张年代久远的名片。这是一种看上去与水桶形状相似的裙子，缝制简单方便，一幅或两幅织好的布连缀起来，从脚往上穿或者从头往下套，都行，怎么方便怎么穿。《旧唐书·南平僚传》云:“南平僚……妇人横布两幅，穿中而贯其首，名曰‘通裙’。”《蛮溪丛笑》也有记载:“仡佬裙，裙幅两头缝断，自足而入。斑斓厚重，下一段纯以红。”可见，筒裙风格简洁，色彩则鲜艳夺目。裙长遮盖着脚跟，裙的上半节缀着彩色丝绒，裙上又绣着花花草草、房屋，甚至佳人的倩影等图案。搭配筒裙的上衣稍短，无领，两边的袖子各嵌上两道黑边和一道花边。扣是银扣。有钱人家衣上钉五对银扣，寒素人家则用不同颜色的布料自制花扣。如此，这一身穿着既不失简洁，同时，诸多装饰细节又耐人寻味。

吃新节里的仡佬族群众

● 盛装表演

随着岁月的流逝，仡佬族妇女的着装渐渐地和当地的壮、汉、彝族靠近。即便如此，仡家女子还依然有别具一格的一面，那就是她们在衣服正面戴围腰。少女以及少妇在胸前戴的围腰颇有讲究。整个围腰，靠一根精心打制的银质或锡质的梅花链或扣链牵着挂在胸前，十分得体地衬托出女性美妙的身材线条。围腰多数也以黑色为基调，点缀其上的黑布条压了两道边，两道边之间的空隙衬以或蓝色或白色的布料，边缘再绣上色彩明艳的各色花儿。这样，围腰在女子的胸前便分外醒目，这是一个鲜明的对比——在最黯淡的背景上浮现出最亮丽的风景。

女人年纪长了，一切归于平淡，衣服的领口、袖边就免去了镶花边的细节，服色也以朴实无华的暗色为主了。

但是，不管岁月如何变迁，世界上最美的服饰语言，永远都与妙龄女子一路同行。

明艳

她们身上的服饰，除了身上衣，还有头上和手上的饰品。

“耳环摇摇动哥心”。唱歌的仡家女子，青丝上别着花纹细腻的银簪，耳垂上缀挂着的银耳环，也许是“须须环”，也许是“灯笼环”，又也许是“扣扣环”……不论是哪一种式样的耳环，此刻，那银色的耳环摇来晃去，与歌声彼此呼应，与嘴角含蓄的笑一同传情，与眉眼含情的光一同达意。唱着情歌的仡家男子，就这样被那摇来晃去的耳环打动了，征服了。事实上，他们是彼此征服。

仡佬族花季少女们最看重戴在青丝上的包帕。寂静的夜晚，她飞针走线，为一块包帕花许多的心思。包帕足有两米多长，依然以黑色为底色，她拿起在灯下端详，这一头，有如波浪起起伏伏的五彩花边已经绣上了；另一头，是她喜欢的一种颜色的细丝线做的流苏。

少女脚步轻盈地从你身边走过，那头上包帕的细丝线如杨柳在春风中摇啊摇，那围腰半裹着的纤巧腰肢也在你眼前闪啊闪。除此以外，少女额头上悬珠缀玉的勒子，耳上轻轻摇曳的耳环，手腕上丁零作响的银手镯，绣着植物花样的翘尖绣花鞋，也惹人注目。女性的风情就这样尽显无遗。男人见了，就想起了“女人如花花似梦”

乐师

的句子，总忍不住偷偷地多看几眼。走了几步，假装若无其事地回头，再看，心里想着，美丽的女人，真是养眼。

此外，仡家人也偏爱银饰。仡佬族古时有自己的银匠，银饰都自己制作。如今，制作工艺在隆林仡佬族已经失传，只好购买了。男人们为了便于劳动工作，平时基本都不配戴手镯了，而戒指，也是偶尔戴戴。而女人手上的镯子和戒指，戴到老都不会腻。

在时间的背后，一些事物无声无息地藏起了踪迹。仡佬族人的服饰，正一天比一天多地靠近并且融入潮流。如果，你想见那些风情万种的服饰，农历六月初六是个不容错过的机会。这天，广西隆林境内仡家人过晒衣节，那些珍藏在箱子底下的好衣服，都拿出来晒太阳。除此之外，偶尔相见，不是在节日，就是在舞台，或者在记忆中。

仡佬族女子

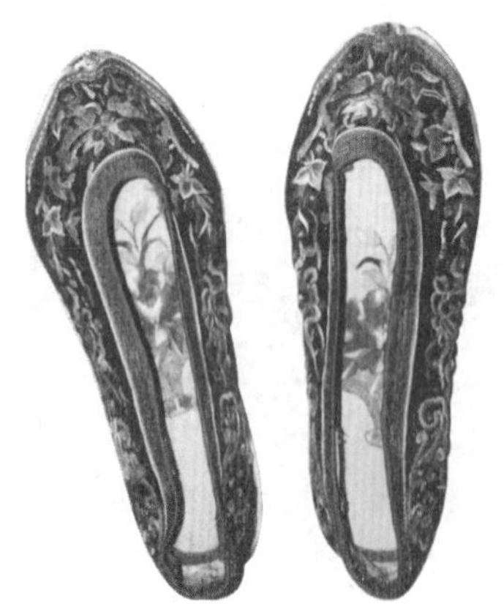

绣花鞋

浅笑含情

造一座屋，睡安稳觉

人有成家立业的愿望，所以，人有造屋的梦想——造一座大屋吧，在有生之年造一座能够睡安稳觉过安稳日子的大屋。

远古的时候，仡佬族先祖也曾经以岩洞为家。虽然不必受风吹，不必被雨淋，不必畏惧虎豹豺狼，可是，洞太空、太黑、太硬，柔软的身子隐藏进洞中，白天看不见太阳和云霞，夜晚望不见星星与月亮，觉也睡不安稳，呼吸也不自在。

古老的仡佬族民居

● 旧式民居

后来，先祖们发现，其实不必死死地依赖狩猎来谋生。因为，大地上还有开花结果的树木可以依靠，有春耕秋收的土地可以耕耘，而且，捕获的野物——野牛、野猪、野狗、野鸡、野鸭，都可以圈起来养，养着养着，就变成了家畜家禽。于是，就离开了洞穴，住干栏。

最初的干栏，是树上的窝巢。北齐《魏书》对仡佬族先祖僚人住在大树上的情形有记载：“依树积木，以居其上，名曰‘干栏’。干栏大小，随其家口之数。”人们在山上，找到互相靠近的树木，在离开地面数尺的距离上，捆绑排木，再用横木搭架，盖上茅草或者树皮，一间可以躺下来睡觉的屋子就建成了。再做一架长梯，上下时悬挂，不用时收起。这样的房屋虽然很简陋，可是通风透气，白天是白天，夜晚是夜晚，采光比岩洞强过百倍。又因为在屋子与地面之间，有一段野兽们望尘莫及的距离，住也还算是安全。太阳出来了，就下地耕种。太阳落山了，人们带着采收的五谷杂粮回家。

住在树上的日子，其实也还有诸多的不便，比如洗衣、生火、取水、做饭、欢聚都不方便，遇到困难也没有谁照应。

● 仡佬族学校

再说，时间一长，孩子就一个接一个来到世界上，又一天比一天快地变成了脚长手长的大姑娘小伙子，那“树屋”就不够住了。

仡佬族新式房屋

生活逼着人去琢磨去思考：下一步该怎么办？

流年似水，转眼到了唐朝。夜深了，树屋里的人听着头顶上风吹树叶的声音，思来想去睡不着。造屋吧，造屋，造一座可以安然入睡的房屋。找一块相对平坦的地盘，大家聚集着居住，把家安到地面上也无妨。造一座房屋，不仅仅只有树木可以利用，还有那满山坚硬的石头，那松软的泥土，那韧性十足的竹子，全都可以利用，还能够就地取材。

这样，就陆陆续续从树上搬下来了，用大石头、大木头做原料，建起干栏式的楼房。再后来，同一个祖宗下来的后来人，也在不断的繁衍生息中辗转迁移，有的留在原地，有的迁居异地，受地理环境和临近民族的影响，新造的房屋样式就多起来了，有石墙石板屋、土墙石板屋、竹墙茅草屋、土墙茅草屋、土墙楼房、泥瓦房和砖瓦房，到如今，腰包鼓起来的人家又建起了钢筋混凝土楼房。

几百年前，一群又一群仡佬族人在迁移大潮中从贵州徒步跋涉到了广西，在云贵高原边缘地带隆林县境内停下了匆匆的脚步。男人们取刀，抡斧，就地砍几棵树木，架起屋子的轮廓，女人割了一捆捆茅草，盖上屋顶，简陋的房屋就盖起了。其实就是几根杂木架起的“丫丫房”，过去人们称其为“千脚棚”或“塌塌房”。这种房

仡佬族新民居

屋呈三角形，房檐触地，低矮、黑暗、潮湿，整个房屋看上去就像低头含胸的人，缺少几分朝气与活力。那时候，生活的条件不允许人们有太高的奢望，将就着住。

直到新中国成立，经过几十年的修建、重建，房屋规格质量已有较大的改善。土草房也渐渐被大瓦房替代，框架由“五柱六爪”或“五柱八爪”构成。自从党的十一届三中全会后，随着人们生活的改善，房屋的结构也有很大的变化，一般都建成一座三开间七脚落地十七柱出头的木架瓦房，用木板做围墙。随着改革开放，人们的生活更加滋润了，仡家人几乎都住上瓦房，有较富裕的农户，住上石头房或水泥砖房。如今，部分善于经商的仡家人，发家以后，在集镇上建起了属于自己的小洋楼。墙内墙外，贴上闪着瓷光的马赛克，看上去干净整洁。站在阳台上，依着栏杆，远可观风月，近可赏花木。当街的，还可以做门面，经商买卖，尤其方便。

“丫丫房”或者土草房已经消失得无影无踪了，也不知道具体消失在哪一天。

人们居住的房屋，自然是越来越舒适了。拥有一座舒适的房屋，感觉距离幸福生活最近。因此，从建房到成屋，整个过程都很被看重。

仡家对居住的环境条件比较讲究。住人的地方，最起码要向阳，适合采集阳气，聚集人气，接纳福气。此外，要依山坡，或者傍河流，顺风顺水。在隆林，仡家以自然屯为聚居点，小的几户十几户，大的二三十户，因为地域小，称不上寨，就称为“冲”，意思是很小，所谓仡佬冲就是仡家聚居点的泛称。仡佬冲房屋的布局，一般是背朝山坡，四周栽种有茂密的青冈树，“冲”的周围还种有春椿、秋木和白杨树，这些植物为村庄提供了足够的绿色，回家的人一进“冲”，舒适感自然而来。在冲头或者冲尾离房屋不远的地方，总留有两株枝繁叶茂的青冈树，这就是仡家祭祖的“神树”，它们高大而挺拔，永远是一副守护神的模样。

恬淡的日子

仡家人无论建新房还是修旧房，一般都在秋收之后到春种大忙前。这时节，雷雨少，吉日多，农人都闲下来了，容易找技术工搞设计，也好请亲友来帮工。房屋建好了，亲戚朋友有时间来庆贺，也有拿得出手的贺礼，就可以坐下来，慢慢享受造屋带来的喜庆与快乐。

旧式民居

上梁仪式是最被看重的。仡家人从贵州迁到隆林之前，上梁仪式先是由木匠祭其师傅（鲁班）。祭品包括一把伞、一床席子、一双女式老人鞋、一件女式老人衣服、头巾、木梳、新木盆、上梁粑等。祭时，木匠神色虔诚地先把一只木桶押上伞，用竹竿将一具代表鲁班师傅的木制人形固定，再将准备的妇女衣物给木人穿戴后置于神台上。接着，木匠念祭词：

“吃鸡吃粮，天地开张，凶神凶煞，雄鸡抵挡，雌鸡雄鸡，头戴红冠子，身穿五色花毛衣，凡人讲你无用处，弟子对你祭梁鸡。金鸡祭梁头，以为儿孙中诸侯；金鸡祭梁腰，脱了烂衫换旗袍；金鸡祭梁尾，儿子儿孙高中举。一不早，二不迟，正是弟子上梁时。”

人们安静地听着祭词，听见了内心朴素的期望：愿世间灾难远离，愿屋中人平安富贵，愿子孙后代光耀门楣。

祭词念过，该升梁了。摆在地上的梁木两头用绳子捆好了，两边中柱已经各放一架梯子，升梁人从两边稳稳当当地将梁拉上去，一边拉一边念：

“我帮鲁班作了揖，鲁班说我爬银梯。左手把住银梯木，右脚踏上梯。爬一步发财又发富，爬两步加官又加奴，爬了三步摸到穿（穿方），儿子儿孙中高官。爬了三穿到梁头，儿子儿孙中诸侯。”

梁木拉到位后，升梁人便将那堆粑粑往下撒，边撒边念：

“一对粑粑白如银，双脚跪在神跟前，儿过今日丢过后，子孙发达万万年。”

“四个中柱口朝天，一个全梁在中间，中间立了朝天柱，两边修起拱洞门。原来中柱一担爪，祖祖辈辈不分家，种银弟兄多豪富，后缘金竹正开花。大梁一头软，好比龙王上天平，好比龙王争宝殿，上了大梁入金银。”

“二月忙，忙打田，三月四月忙栽秧，五月六月正薅坡，九冬十月收上仓。穿穿舞舞，春起粑粑白如霜。粑粑一落东，儿子儿孙坐朝中；粑粑二落西，儿子儿孙

集市

穿朝衣；粑粑三落北，儿子儿孙坐朝北；粑粑四落南，儿子儿孙正好玩；五撒中央戌巳土，祖祖辈辈当财主。”

那撒下的小粑粑，早被底下的三个人弯着腰，扯起衣襟接着，如同接福。

上梁仪式进行得完美无缺，心愿和祈祷也被表达得完美无缺。

从贵州迁来隆林至今，仡家已经有十几代人，建房习俗的主要环节仍与贵州祖籍大同小异，上梁仪式相传至今。当大梁抬到两根大柱最高顶上放稳时，就进行上梁仪式。上梁词分左、右边的仪式词和梁上仪式词：

生活的滋味

左边梁仪式词：

玉皇心向下凡成，各老成功请天神。
玉皇青白挑銮驾，秦哥两国配成婚。
请了师家来说念，伸成扶驾坐龙田。
伏以无事要绪公，脚踏云梯上高堂。
上一梯，人一能之已百知。
上二梯，人十能之百千知。
上三梯，请个学而时习之。
上四梯，则修文得以来之。
上五梯，修造华堂得安之。
上六梯，是大位高生。
上七梯上登登头，一股银水往屋流。
上到梯来转到屋，世代儿孙出状元。

● 乡村卫生所

上到屋来转到爪，世代儿孙坐长沙。
上到爪来转到枋，世代儿孙做高官。
上到枋来转到梁，世代儿孙染花郎。
伏事已毕上梁大吉。

右边梁仪式词：

伏以脚踏云梯上高堂，手攀仙树摘仙桃。
左摘几对荣华富贵，右摘几双金玉满堂。
上一步鳌头独占，
上二步双凤朝阳。
上三步三星拱照，
上四步四季安康。
上五步五子竺柱，
上六步六合同春。
上七步七祖荣（耀），
上八步八方共朝，

上九步九代富贵，
上十步万代荣华。
伏事已毕上梁大吉。

梁上仪式词：

伏以步又登高上梁来，
英毫三片菊花开，
虎在梁山龙在海，
家有读书栋梁才。
说你家大相公官不小，
二相公是状元，
三相公朝中陛相，
四相公玉次都堂。
只有五相公年纪轻骑匹白马进朝（学）堂。
骑匹白马朝中坐，

草帽与蓑衣

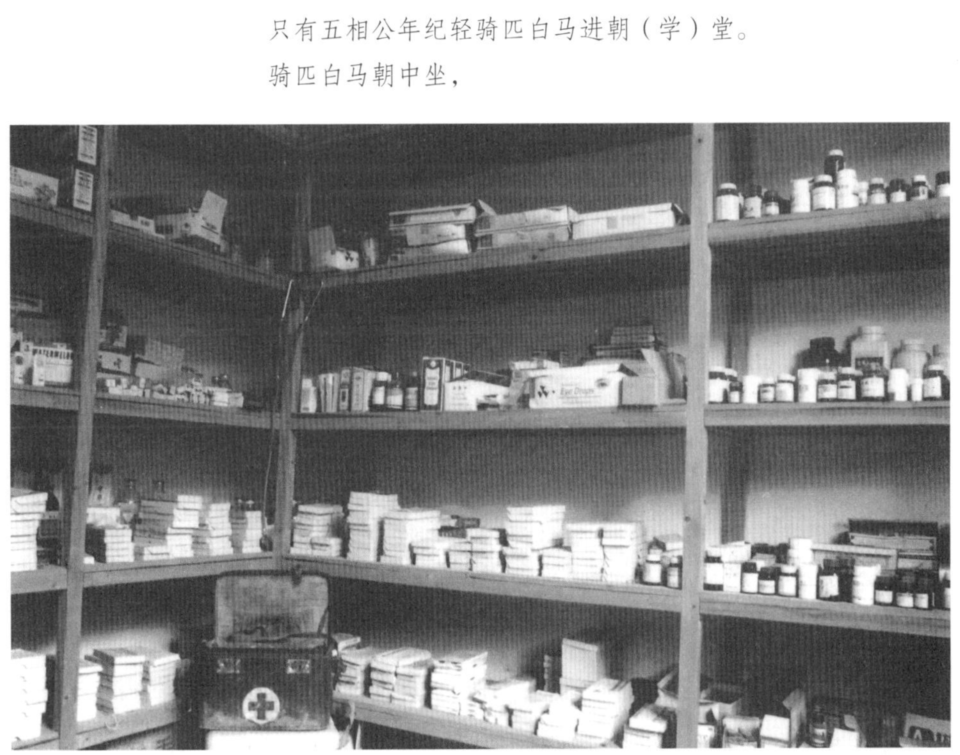

卫生所药架

● 民居正门

● 房门

富贵荣华万万年。
伏事以笔上梁，
伏以开口说本《三字经》，
儿子儿孙两旁都伏元升。
光五先为东汗，
世代儿孙财百万。
立一礼，成泉乐或问缔之说，
先进一礼乐，请师又颁说。
伏事已结上梁大吉。

上梁仪式之后，还另择佳期举行“开财门”仪式。这个习俗之所以从古延续到今，同样是因为寄寓美好愿望。在隆林岩茶乡者艾村湾桃屯，仡佬族人的“开财门”仪式是这样的：

外喊：开门开门开门。

内问：你是哪里来的人？

外答：我是天上财帛星。

内问：你来做哪样？

外答：我来帮主家开财门。

这时候，屋内的人就听见屋外的人念道——

春季财门春季旺，夏季财门六畜兴，
秋季财门进五谷，冬季财门进金银。
一年四季我打开，秤称银子斗量金。
当门有棵摇钱树，聚宝盆，早聚金子夜聚银。
初一早晨捡四两，初二早晨捡半斤，
初三初四不用捡，多得黄金滚进门。
滚进不滚出，装在主家满堂屋。
堂屋装不下，拿去买田坝。
上头买齐云南省，下头买到北京城。
光绪皇帝做卖主，文武百官做中人。

香火台和风谷机

仡佬族生意人

买得长田好跑马，买得团田好喂鱼。
喂得鱼儿千斤重，喂得马儿顶状元。
左手开门金鸡叫，右手开门凤凰吟。
左脚跨门生贵子，右脚跨门生贵人。
左脚跨门带根金，右脚跨门带根银。
……
带到你堂屋交待你主人，到你堂屋看四方，
四根中柱顶大梁，大梁不是檀香木，
二梁不是紫檀香，三梁四梁望不真，
不是枫香是白杨。梭乐树梭乐桠，
梭乐桠子解栓皮，一根立在后天堂，
金子打的金子墩，银子打的抱柱房。
金柱头、银川枋，照到云南亮堂堂。

云南有个好姑娘，叫你儿子回身跑，
去到云南就成双。多得儿妇转个弯，
酒席办了一席，银子过了一千。
初三初四转回程，男包金子女包银。
到你堂屋拜一拜，庆你儿子有金银。
买只懒猫守房门，丁财两旺，富贵双全。
金银满柜谷米满仓，
恭喜恭喜，富贵荣华今日起。

主人听见屋外人念的良言吉语，一股从未有过的喜悦涌上心头。他一边说着“谢蒙师傅金口利牙”的话语，一边双手举起斟满酒的酒杯，给师傅敬酒，同时，还敬煮好的肝与肉。师傅接过那酒、那肝、那肉，尝了，然后还敬主人，并敬祝主人：头杯吃的富贵酒，二杯吃的富贵荣，三杯吃了千年宝贵，四杯吃了万年发达。

进了新屋，崭新的生活就在眼前铺展开来了。

仡家建房后，一般是不随意迁居的。除非有特殊原因，如人口多土地少，或者养牲口不兴旺或者人的病疫多等才会考虑换屋基。

养蜂箱

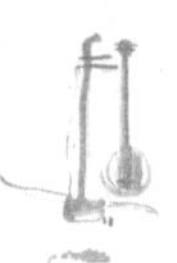

八音之乐

隆林仡佬族山寨有八音乐队，亦称八仙音乐队，为民间百姓所钟爱。

何为八音？我国古代《三字经》里有这样的记载："匏土革，木石金。丝与竹，乃八音。"可见，匏、土、革、木、石、金、丝、竹，既是指制作乐器时用的八种原料，也是古代八类乐器的统称。如古乐器中的笙、竽等属匏类，埙等属土类，鼓等属革类，木鱼等属木类，磬等属石类，钟、铃等属金类，琴、瑟等属丝类，管、箫、笛等属竹类。

仡佬族乐器

八音缭绕在山间

仡佬族八音乐队演奏的八音，与古代音乐所指的“八音”有所不同。八音乐队有八名乐手，各自以笛、箫、二胡、月琴、琵琶、锣、鼓、镲为演奏乐器，间插有木叶。演奏的时候，乐手如八仙过海，各显神通，聆听者其乐陶陶，只觉得仙乐飘飘，因而给乐队一个响亮的美名——八仙音乐队。

山中岁月长。说实在的，山寨的生活难免冷清。寂寞的人渴望述说，孤独的时光也需要音乐来陪伴。所以，一直以来，仡佬族民间流传的乐器笛子、竹箫、二胡、琵琶和月琴便成了人们解忧消愁的伴侣。百日学笛，千日学箫，说难也易，说易也难，说天生就懂多少有些夸张。一代代的仡佬族人，守着大山，迎着清风，照着明月，吹着笛，吹着箫，吹着木叶找恋人。不知道是哪一次的偶然相邀，三个兴致盎然的乐手一起坐到了月光下的打谷场，一个吹笛子，一个弹拨月琴，一个吹起木叶。那是个没有文字记录的生动夜晚，三个乐手默契的演奏，让山寨里忙碌了整整一天

的仡佬人久久地沉浸在音乐里。

从那以后，仡佬人迷上了三重奏。

20 世纪 50 年代初期，一个聪慧帅气的小伙子，经历了一回偶然而忘情的陶醉，萌生了一次灵感四溢的创作激情。继三重奏之后，仡佬人拥有了更加富有民族特色的仡佬八音。

小伙子名字叫郭卜用，隆林德峨乡大水井寨人。那一天，他去嫁到壮族人家的姑姑家做客，恰逢村子里的壮人合奏娱乐，自小痴迷音乐的他深深地陶醉了。原来，这世上还有比三重奏更动人心弦的合奏。

回家后，他根据记忆，制作了一些在壮家见过的乐器。经过反反复复的摸索，试验，改进，心里有把握了，才请周围爱好音乐的仡佬族青年一起来练习演奏。虽然，也有过磕磕碰碰，有过相互埋怨，有过垂头丧气，但是，经过一段时间的刻苦训练，互相磨合，共同探索，最终，大家在一起配合演奏也越来越默契了。在音乐的旋律里，大家同悲，同喜，同乐，心心相印。他们为自己的乐队取名“八仙音乐队”。他们演奏的曲子，有本民族的传统曲调，又吸收了汉族、壮族、彝族等民族的音乐曲调，渐渐地就形成了独具特色的仡佬八音。

《礼记·乐记》有云:“乐（音乐）者，乐（欢乐）也，人情之所不能免也。”在仡佬族，八音之乐，既是音乐，也是欢乐。

20 世纪 50 年代中期，八仙音乐队应邀到北京演奏。作为音乐的使者，他们将仡佬音乐和仡佬族人的快乐，从南国山寨，带到了北国京城。

八音演奏

更多的日子，八仙音乐队用音乐的烛火，一次又一次地温暖仡佬人的心房，一遍又一遍地点燃仡佬山寨的欢乐。

那些欢乐的日子，多半是收获之后的农闲时光，或者是节日。即使不是农闲或节日，也一定是应该隆重度过的日子。比如一场婚礼。

乐在其中

这是个良辰吉日，一对相亲相爱的年轻人步入了婚姻的殿堂。主家和请来帮忙的邻居穿梭往来，蒸饭，做菜，端茶，倒水，递烟，敬酒，忙得不亦乐乎，唯恐怠慢了贵客。祝贺的亲戚也熙熙攘攘，笑容满面。这个日子，办喜事的人家早早地把八仙音乐队请来助兴了。客人们一面欣赏着山寨好风光，一面享受八音之乐，个个脸上流露着心满意足的神情。最开心的自然是主家啦。今天这样欢乐的场面，将成为一生中的记忆。此时此刻，此情此景，一生难得几回有。看着大家欢乐，“人生自有成就在”的自豪感就涌上了心头。

你听，你听，那悠扬而空灵的笛声，那深沉而浑厚的箫音，那深情婉转的木叶声，那千回百转的二胡声，那珠圆玉润的琵琶声，那铿锵有力的八仙鼓声……还有那锣，还有月琴，还有镲，各尽曼妙，山溪水一样活泼泼地满山谷淌个不停。真是百听不腻。

那些欢快悠扬的旋律，让仡佬人远离了疲惫与忧虑。这样的时光，尽善尽美。人间有八音，人乐，神也乐。

如今，大水井寨的仡佬八音音乐队还坚持练习、演奏，牵头者为么基村的党支书郭秀新。郭秀新是大水井寨人，作为八仙音乐队创始人郭卜用的传人，他不仅继承了20世纪仡佬八音音乐队的八音技巧，还在此基础上作了创新。郭秀新创制的牛骨二胡别具一格，器型小，音量大，是民间乐器中不可多见的一朵奇葩。

1991年11月在南宁举行的第四届全国民运会上，仡佬族跳八音还获得表演三等奖。

天·地·日·月·人

天地相接

挑水的仡佬族汉子

天、地、日、月、人组成的世界，成于何时？源自何物？都是怎么生成的？人类好奇，便去猜测，然后，在追问与求解中，找到探求秘密的快乐与满足。

古老的年代，地球年轻，人类天真可爱。仡佬族先祖们生活简单而朴素，但是，想问题却大胆而有趣。很久很久以前，他们就想飞天了，想登月了——在神话里想。

如此一来，所有的追问都有了想象出来的答案。那些神话故事，说起来都很有味道。那些古歌，唱起来会把人的思绪带到很远很远的地方。

在仡佬族神话《布什格制天，布比密制地》中，天地是布什格和布比密制造的：或肥或瘦的泥土，是大地或厚或薄的肌肉；或高或低的山坡，是大地或仰或俯的头颅；青的草，绿的树，是大地的头发；波光潋滟的湖泊，是大地深情款款的眼睛；连绵起伏的山脉，是大地舒舒坦坦伸展着的手脚；江河是血脉；石头是骨骼……而在以仡佬语为表达形式的古歌《叙根由》中，“巨人‘由禄’”奉献了他身体的各个部分，开辟了人类生存的天地。

在仡佬人心目中，天与地，也有活生生的生命，有情，有爱，有离，有合。他们行风，布雨，呼闪电，唤霹雳，让轮回的四季，关照万物生息。

天地和睦，人间和谐。

天人合一，大地和谐。

仡佬族人每年都在特定的日子，过祭山节、祭田母节、拜树节、尝新节……通过这样的节日来谢天谢地。

天地间，人类日出而作，日落而息；月出而眠，月落而醒。所有的日子，也分不清是日月追着人转，还是人追着日月生。

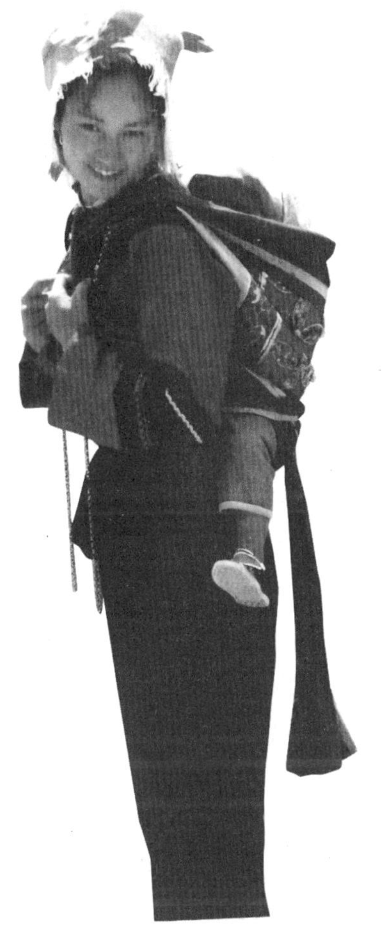

母爱洋溢

仡佬族民间有个普遍流传的神话故事《公鸡叫太阳》，是说很久很久以前，天上有七个太阳和七个月亮，大地火烧火燎，河流干涸了，庄稼枯萎了，花谢了，似乎拍个巴掌咳一声嗽叹一回气都能把空气引燃。怎么办？等死永远都不是个事。全靠有个阿膺，他脑瓜子灵活，身手敏捷，胆子大。他找了根通天竹，顺着竹竿攀上了一座耸入云霄的大山，又爬上了一棵参天巨树，举起通天竹，把多余的六个太阳和六个月亮打落到苍茫大海中。可是，事情又出现了周折，剩下的一个太阳和一个月亮因为“日月落海”事件，吓得不敢出来了。世界陷入了彻底的黑暗。事情已经到了这个地步，人类也不能坐以待毙吧。人们牵出猪牛羊去请，可是太阳和月亮无动于衷。最

后，又是阿膺出面，他和大伙儿诚心诚意地带着大红公鸡，一遍又一遍地去请，公鸡嗓门高，嗓音响亮，它的叫声在山谷间此起彼伏地回响。太阳和月亮受不了公鸡的大嗓门，在云层里藏久了也郁闷，干脆出来算了。这样，彼此又成了抬头不见低头见的朋友。

浓浓乡情

仡佬族另一则神话《太阳和月亮》中，太阳成了人类的妹妹，月亮成了人类的哥哥。寂寞的清晨，冷清的午后，思念的黄昏，孤独的夜晚，日月如伴，虽然远在天边，可也近在眼前。

既然是朋友，是亲人，有了苦恼就可以倾诉，甚至，什么都不用说，只要感觉到对方送来了默默关注的目光，就感到安慰。因为这样的缘故，仡佬族的许多民谣，都借太阳和月亮来传递爱恨情仇。

热恋的人儿，盼星星盼月亮，盼了很久终于盼来了相聚。一见面，小伙子就忍不住诉相思："太阳走了月亮来／螺蛳背上起青苔／螺蛳含泥得顿饱／小郎探花挨饿来。"一日不见，如隔三秋，啊，那螺蛳背上都起青苔了，今天才等到你。姑娘听了，沉浸在这大胆、形象而幽默的表白里，心都醉了。可眨眼间，又到了离别时

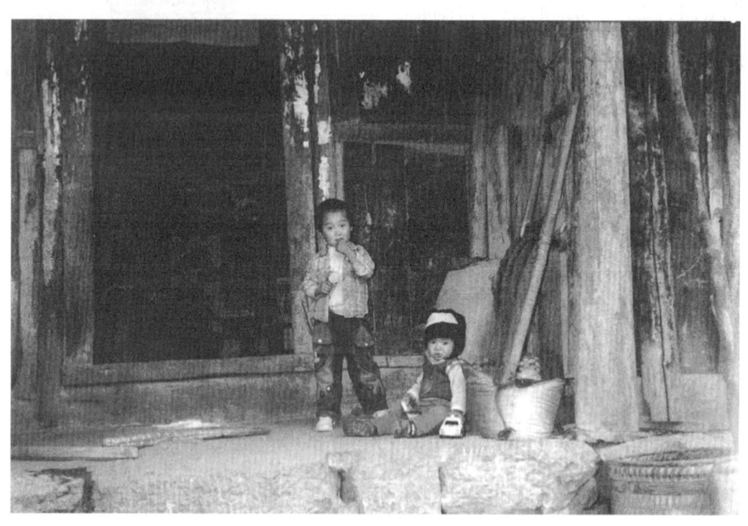

成长

刻，却道是聚难聚，离难离。十里相送，终有一别，谁不是依依不舍的呢？姑娘不再胆怯，她含蓄又大胆地表达着自己：“月亮出来两火钩 / 两个星宿挂两头 / 星星挂在月亮上 / 郎心挂在妹心头。”仡佬族情歌里，月亮是最善解人意的媒人，也是爱情永远的见证人。

日常生活中，月亮也善于为人分忧。

“太阳大来难做活 / 月亮大来睡不着 / 小窗整个亮窗眼 / 一直盯着月亮落。”这个夜晚，我们的主人公为何彻夜不眠？他似乎在埋怨：“月亮月亮，你何必这么大，这么亮，你睁着小窗子那么大的眼睛明晃晃地盯着我，我怎么能够睡得着？”

其实呢，哪里是月亮惹的祸，月亮是他善解人意的哥哥呢。月亮看他睡不着，才一直睁着大眼睛，为他亮一盏灯。月亮一直看着他，让他遗忘了世路的坎坷，生活的苦难，以及无从说起的悲哀。他凝望着月亮的笑脸，生活中曾经有过和即将来临的快乐，慢慢地把心充满。

充满希望的仡佬山乡

参考文献

1. 覃乃昌主编:《广西世居民族》，南宁，广西民族出版社，2004。
2. 陈天俊等著:《仡佬族文化研究》，贵阳，贵州人民出版社，1999。
3. 龚永辉著:《族际识俫》，南宁，广西人民出版社，1990。

后 记

2006 年，广西民族出版社为弘扬广西各民族的优秀文化，组织策划了《广西世居民族文化丛书》。该丛书以广西的 12 个世居民族为主叙对象，每个民族 1 卷，以饱含民族感情的文字，再配以丰富而精美的图片，全景式地描绘这些民族古老的历史文化与现代化进程，以全新的角度诠释了充满神奇魅力的 12 个民族的新形象。丛书得到广西区党委宣传部的高度重视和帮助，丛书执行副主编、时任区党委宣传部文艺处处长（现为广西文化厅副厅长）的唐正柱对整套丛书的体例和风格进行了指导，明确了写作大纲和基本要求，并审阅了全部书稿。

丛书主编、国家民委副主任罗黎明从民族、政治的角度对丛书进行了严格细致的总审，并为丛书作序。

在丛书编撰的过程中，项目组成员跋山涉水深入广西各地拍摄、征集图片，得到了各地市县宣传部、民族局的热情帮助和各地摄影家及摄影爱好者的踊跃赐稿。

本卷经由广西民族大学龚永辉教授对书中的政治倾向性和民族、宗教问题进行了认真的审查。广西民族大学原副校长容本镇（现为广西教育学院院长）、广西师范学院王光荣教授为本书的图片收集提供了热情帮助。仡佬族学者郭亮，广西著名摄影家王梦祥、梁汉昌等人（具体详见附录“本书图片摄影者、提供者名单”）为本书提供了精美的摄影图片。有少数图片未能确定拍摄者，作者见书后请与出版社联系。

在此，对上述人员的大力支持表示衷心的感谢！由于这是首套以分册的形式介绍广西 12 个世居民族文化的丛书，属开创性、基础性的艰苦繁杂的文化工程，若丛书存在不足，或因编辑水平所限而导致的错漏之处，恳请读者批评指正。

《广西世居民族文化丛书》项目组

2009年10月

附　录

本书图片摄影者、提供者名单

（按姓氏笔画为序）

王梦祥

第2～3页

第5页（下）

第60页

第73页

第93页

第97页

何辉炳

第147页

李允文

第5页（上）

第15页

第98页

第102页

第103页

第104页

第105页

第113页（上）

第124页（上）

第126页

第130页（左下）

林　斌

第47页

第56页

第61页

第80页

第146页

郭秀忠

第10页（上）

第42页

郭秀明

第91页

第127页

郭　亮　提供

第5页（中）

第6～7页

第8页

第9页

第11页

第12页

第14～15页

第16页

第17页（下）

第18页（两幅）

第27页

第33页（两幅）

第34页（下）

第36～37页

第38页

第50页

第51页

第52页（两幅）

第53页

第54页

第55页

第57页

第58～59页

第62页（下）

第63页

第65页（上）

第66页

第67页（右）

第68页

第69页

第70～71页

第74页（两幅）

第75页

第77页

第78页

第79页

第82页

第83页

第84页（两幅）

第85页

第86页

第89页

第90页

第92页

第94～95页

第96页

第107页
第112页（上）
第116页（下）
第117页
第118页
第119页
第120～121页
第123页
第128页
第129页（下）
第132页（上）
第132～133页
第133页
第134页
第135页（上）
第136页
第137页
第138页
第139页（两幅）
第140页（两幅）
第141页
第142页
第143页
第144页
第145页
第148页（两幅）
第149页
第150页（两幅）
第151页

梁汉昌

第17页（上）
第19页
第20页
第21页
第22页
第23页
第24页（两幅）
第25页（三幅）
第26页
第28页
第29页
第30页
第31页
第32页
第34页（上）
第35页
第39页
第40页
第41页
第43页
第44页（两幅）
第45页
第46页
第48页（两幅）
第49页
第65页（下）
第67页（左）
第72页
第76页
第81页
第99页
第106页（两幅）
第108页
第109页
第110页
第111页
第113页（下）
第114页
第115页
第116页（上）
第122页
第124页（下）
第125页（两幅）
第129页（上）
第130页（右下）
第131页
第135页（下）

隆林各族自治县
县志办　提供

第4页
第10页（下）
第13页
第14页
第62页（上）
第87页

蒙玉祝

第64页
第130页（上）

佚　名

第88～89页
第100～101页

图书在版编目（CIP）数据

佤佬风存：佤佬族卷／李金兰，郭亮著．— 南宁：广西民族出版社，2010.12（2013.1重印）
（广西世居民族文化丛书／罗黎明主编）
ISBN 978-7-5363-5710-5

Ⅰ．①佤… Ⅱ．①李… ②郭… Ⅲ．①佤佬族—民族历史—广西 ②佤佬族—民族文化—广西 Ⅳ．①K287.1

中国版本图书馆CIP数据核字（2010）第119164号

广西世居民族文化丛书
佤佬风存·佤佬族卷　罗黎明 **主编**　李金兰　郭　亮 **著**

总　策　划	唐正柱　韦家武
策划组稿	覃琼送
图片征集	覃琼送　赵学祥　韦春明
责任编辑	覃琼送　赵学祥
美术编辑	张文昕　何世春　林武圣
审　　读	隆海人
装帧设计	寒林设计工作室
内文制作	黄杰斌　甘伶玲
责任校对	黄春燕　郑季銮
责任印制	刘文峰
出版发行	广西民族出版社 地址：南宁市桂春路3号　邮政编码：530028 发行电话：（0771）5523216　传　真：（0771）5523246
印　　刷	广西万泰印务有限公司
规　　格	787mm×960mm　1/16
印　　张	10.25
字　　数	57千
图　　片	175幅
版　　次	2010年12月第1版
印　　次	2013年1月第2次印刷
书　　号	ISBN 978-7-5363-5710-5/I·1206
定　　价	39.00元